Umwelthinweis: Gedruckt auf chlorfrei gebleichtem Papier

Herausgeber: Polyglott-Redaktion
Autor: Manfred Braunger
Lektorat: Marlis Kappelhoff
Art Direction: Illustration & Graphik Forster GmbH, Hamburg
Karten und Pläne: Gundula Hövelmann
Titeldesign-Konzept: V. Barl

Ergänzende Anregungen, für die wir jederzeit dankbar sind, bitten wir zu richten an:
Polyglott-Verlag, Redaktion, Postfach 40 11 20, D-80711 München.

Zeichenerklärung

Information
Flugverbindungen
Eisenbahnverbindungen
Busverbindungen
Schiffsverbindungen
Campingplatz
Öffnungszeiten
Telefonnummer
Faxnummer

Hotel
$$$ DZ pro Person ab 350 FF (bis ca. 750 FF, vereinzelt mehr)
$$ 250–450 FF
$ 150–350 FF
Restaurant
$$$ Menü 250–440 FF
$$ 150–300 FF
$ 100–250 FF

Routenpläne

Route mit Routenziffer
Autobahn, Schnellstraße
sonstige Straßen, Wege
Staatsgrenze, Landesgrenze
National-, Naturparksgrenze

Stadtpläne

Durchgangsstraße
sonstige Straßen
Fußgängerzone
Fußweg

Erste Auflage 1995

Redaktionsschluß: Dezember 1994

Printed in Germany
ISBN 3-493-62825-0

Polyglott-Reiseführer

Normandie

Manfred Braunger

Polyglott-Verlag München

Allgemeines

Städtebeschreibungen

Routen

Routen

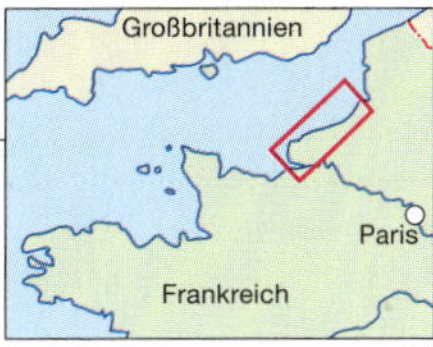

Route 2

Abenteuer Alabasterküste S. 52

Die „Côte d’Albâtre“ zwischen Le Havre und Le Tréport ist das landschaftlich spektakulärste Teilstück der gesamten normannischen Küste.

Route 3

Schnuppertour durchs Käseland Pays de Bray S. 58

Die Ecke zwischen Le Tréport und Gisors wird als „malerischer Bauernhof“ von Paris bezeichnet.

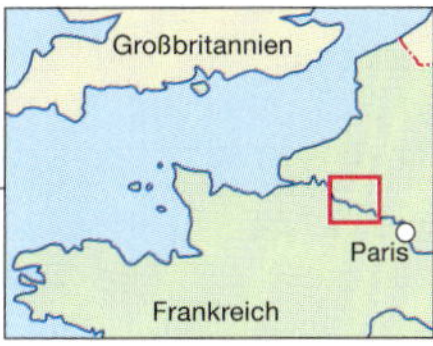

Route 4

In den Fußstapfen von Richard Löwenherz S. 62

Die Tour durch den Südosten zwischen Gisors und Rouen führt auch nach Giverny zum Haus von Claude Monet.

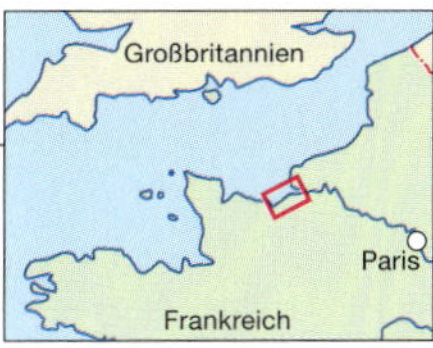

Route 5

Küstenbummel in Calvados S. 65

Gäste aus aller Herren Länder zieht es an die malerischen Küsten „Côte de Grace“ und „Côte Fleurie“ zwischen Honfleur und Cabourg.

Route 6

Cidre, Calvados und Camembert S. 69

Das bäuerliche Hinterland der „Côte Fleurie“ von Beuvron-en-Auge bis Lisieux: Kein Landstrich macht es einem so schwer, nüchtern zu bleiben.

Route 7

Strände wie Sand am Meer S. 74

An der „Côte de Nacre“ zwischen Caen und dem Château Fontaine-Henry liegen Zeugnisse von Geist und Kultur aber auch von Kriegsgewalt.

Routen

Fremde Kulturen kennenlernen und gastfreundlichen Menschen begegnen – wie sehr genießen wir das auf Reisen. Zu Hause bei uns jedoch wird mancher Ausländer von einer kleinen Minderheit beschimpft, bedroht und sogar mißhandelt. Alle, die in fremden Ländern Gastrecht genossen haben, tragen hier besondere Verantwortung. Deshalb: Lassen Sie es nicht zu, daß Ausländer diffamiert und angegriffen werden. Lassen Sie uns gemeinsam für die Würde des Menschen einstehen.

Verlagsleitung und Mitarbeiter des Polyglott-Verlages

Editorial

Ein Glück, daß es noch Landstriche wie die Normandie gibt, wo ein Bach noch ein Bach sein darf und nicht durch betonierte Ufer fließen muß, wo man Landstraßen der Natur anpaßt und nicht umgekehrt, wo einem der frische Küstenwind ganz unverblümt und frech ins Gesicht bläst und die Äpfel rot vor Begeisterung darüber, daß ihr Saft zu Schnaps gebrannt wird, aus den Baumkronen lachen. Eine der unumstößlichen Lebensweisheiten der Normannen heißt: „Es gibt ein Leben vor dem Tod." Die Lebensphilosophie, die hinter diesem Motto steckt, trifft man zwischen dem Küstenflecken Le Tréport und dem Weltwunder Mont-St-Michel ebenso wie zwischen dem altehrwürdigen Rouen und der wettergebeutelten Halbinsel Cotentin. Manche behaupten, bei den Normannen sei die von Wikingervorfahren übriggebliebene Dickschädeligkeit im Spiel, wenn sie so manchen modischen Trend mit purer Verachtung strafen und ihr Dasein nach bäuerlicher Tradition genießen.

Es hat doch wahrlich etwas Respekteinflößendes an sich, wenn sich im Zeitalter der Kalorienzähler und Diätenplaner auf normannischen Wochenmärkten die Holztische unter dem Gewicht der Sahneeimer biegen. Und zeugt es nicht von Charakter, wenn der Bauer seinem selbst-, vielleicht auch schwarzgebrannten Calvados als Volksmedizin mehr Vertrauen entgegenbringt als einer Schachtel anonymer Pillen? Die Normannen sind dafür bekannt, daß sie auf modernen Schnickschnack ebenso pfeifen wie auf das, was im fernen Paris von der hohen Politik beschlossen wird. Sie wissen, daß sie dafür als störrische Hinterwäldler eingeschätzt werden. Wer glaubt, daß sie sich gegen diese Reputation vehement zur Wehr setzen, täuscht sich.

Der Autor

Nach journalistischer Ausbildung und Berufstätigkeit bei unterschiedlichen Tageszeitungen studierte **Manfred Braunger** in Freiburg und Lusaka (Sambia) Politikwissenschaften, Ethnologie und Soziologie. Seit vielen Jahren ist er als Buchautor und Fotojournalist tätig, wobei seine Schwerpunkte auf Frankreich und Nordamerika liegen.

Europas zahme, wilde Wasserkante

Was ist das bloß für ein Landstrich! Altersschiefe Kuhställe, spätgotische Kirchen und historische Burgruinen einträchtig nebeneinander; Taubenschläge so meisterhaft hochgemauert wie Schloßfassaden, Schwertlilien, die mit ihrem Wurzelwerk die Dachfirste reetgedeckter Bauernhäuser zusammenhalten; Rinder unter pinkfarbenen Apfelbaumwolken, Schafe auf salzigen Wiesen, die plötzlich abbrechen und abgrundtief ins Meer stürzen; Fachwerkdörfer wie Postkartenmotive unter geruchsintensiven Calvadosfahnen und Wochenmärkte, auf denen sich die Stände unter Bergen von Käse in Herzchenform biegen …

Man fühlt sich zu einer Region, die mit solcher Anmut ans Gemüt appelliert, ganz unwillkürlich hingezogen. Wo Empfindungen und Emotionen im Spiel sind, schwinden Distanzen schnell. Vielleicht fällt einem die Annäherung an die Normandie deshalb so leicht. Über 600 km sanfte und zerrissene Küstenlinie mit Stränden so flach und ungefährlich wie Badelaken; alabasterfarbene Kalkklippen so hoch und so steil wie Wolkenkratzerfassaden, windgeriffelte Dünen, Fischerdörfer und Hafenstädtchen mit aufgestapelten Reusen und leuchtfarbenen Signalbojen um die Kais; wettergebräunte Baskenmützenträger, die, in der Sonne sitzend, Netze flicken; Holzkisten voller Jakobsmuscheln, Seeschnecken und Austern … Das Meer, in diesem Fall *La Manche*, endet nicht am Strand der Normandie. Es prägt die ganze Region.

Was die Normandie aber so einzigartig macht, ist nicht die Nähe zum Meer allein. Die Kontraste sind es, die Faszination ausstrahlen. Mitten in der abgelegensten Provinz steht man zwischen Blumenkohläckern und Buchenhainen plötzlich vor Burgen, Schlössern und Klosterruinen, die von einer 2000jährigen wechselhaften Geschichte erzählen.

Manches Winzlingsdorf wird zum Touristenziel durch sein prunkvolles Renaissance-Château, nach dessen Besuch man sich in der örtlichen Bar-Tabac zu den Einheimischen an den Tresen stellt, die eben in Gummistiefeln vom Feld heimgekehrt sind.

Eine Spannung besteht nicht nur zwischen Kraut und Kunst, Gestern und Heute. Die Gegenwart legt in der Normandie fesselnde Gegensätze und Widersprüche offen – und nicht nur positive. Manches Scheunentor ist in den letzten Jahren für immer zugenagelt, mancher Milchhof wegen mangelnder Rentabilität in eine Ferme-Auberge verwandelt worden, weil die Jugend seit Jahrzehnten dem herben Landleben den Rücken kehrt, weil immer größere Flächen notwendig sind, um eine Bauernfamilie zu ernähren, weil sich das Verbraucherverhalten verändert und weil der europäische Agrarmarkt neue Rahmenbedingungen vorgegeben hat.

Auch in den Städten hat sich das Gesicht der Normandie gewandelt, sind Fast-food-Restaurants als Platzhirsche in die traditionellen Reviere tabakbrauner Bistros und Bars eingebrochen, haben sich Hi-Fi-Studios und elegante Jeans-Boutiquen hungrig durch alte Häuserzeilen gefressen, deren geschichtsträchtiges Fachwerkgebälk als Halterung für Neonreklamen gerade noch gut ist.

Das immergrüne Image der Normandie kann auch nicht verbergen, daß die Seine in den letzten Dekaden auf Platz zwei unter den am stärksten verschmutzten Flüssen Frankreichs vorgerückt ist und an den Küsten mit Kernkraftwerken und Wiederaufbereitungsanlagen für Kernbrennstoffe längst das Atomzeitalter eingekehrt ist.

Lage und Landschaft

Geographisch kann man die Normandie mit Fug und Recht als eine „europäische Randerscheinung“ bezeichnen. Die Region als Teil des nordwestlichen Frankreich erstreckt sich zwischen dem dichtbevölkerten Pariser Becken und dem Ärmelkanal und wird im Nordosten durch die Picardie, im Südwesten durch die Bretagne begrenzt. Unverwechselbares normannisches Kennzeichen ist die über 600 km lange Küste, die im Pays de Caux durch spektakuläre Kreideklippen, im Département Calvados durch flache, zum Baden einladende Sandstrände und auf der Halbinsel Cotentin sowohl durch zerklüftete Felssäume als auch durch kilometerlange Badestrände gekennzeichnet ist. Von der Größe her läßt sich die Normandie mit knapp 30 000 km^2 mit Belgien vergleichen.

Wenn es einen Begriff gibt, der die Normandie als Ganzes treffend beschreibt, so ist dies das Wort Vielfalt. Das gilt sowohl für die geologische Beschaffenheit als auch für die Oberflächengestalt. Westlich der gedachten Linie Alençon–Valognes wird die Region zusammen mit der Bretagne zum Armorikanischen Massiv gerechnet, das auf einem Sockel aus Granit ruht. Seine Hügel steigen wie etwa in der Normannischen Schweiz bis auf rund 400 m Höhe an. Der Osten der Normandie ist Teil des ausgedehnten Pariser Beckens und besteht aus flachen Plateaulandschaften mit Sedimentgesteinen wie Kalk und Kreide, die maximal 200 m Höhe erreichen.

Der Küste der Halbinsel Cotentin, die im Nordwesten weit in den Ärmelkanal, La Manche, hinausreicht, sind eine Reihe von Inseln vorgelagert. Während Kanalinseln wie Guernsey, Jersey und Alderney zu England gehören, sind die 17 km von Granville entfernten Iles Chausey normannisch.

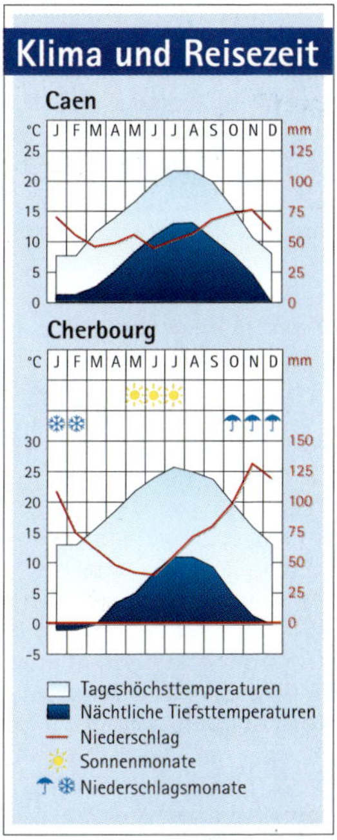

Und was bedeutet *bocage normand?* Das französische Wort steht für die stark ländlich geprägte Region im Osten von Avranches. Dort sind Äcker, Wiesen und Obstgärten häufig durch uralte Hecken getrennt, zwischen denen Straßen und Feldwege verlaufen. Seit Jahrhunderten dienen diese Gehölze sowohl dem Boden- und Windschutz als auch den Bauern zur Brennholzbeschaffung.

Klima und Reisezeit

Das milde, feuchte Meeresklima sorgt für jene Niederschläge, welche die Landschaft so sympathisch grün einfärben. Im Durchschnitt liegen die Jahrestemperaturen etwa zwischen 11 und 12 °C, wobei der nahe Golfstrom dafür sorgt, daß die Ausschläge der Quecksilbersäule sowohl nach oben wie nach unten, egal ob Sommer oder Winter, vor allem entlang der Küsten moderat ausfallen. Im Durchschnitt werden dort weniger als 20 Frosttage pro Jahr gezählt.

Im Landesinnern, etwa im Bocage normand, trauen sich die Temperaturen schon größere Sprünge zu. Die Niederschläge betragen im Mittel 800 mm, wobei sie in der westlichen Normandie vor allem im Herbst und Winter fallen. Hauptreisezeit sind die Monate Juli und August, doch bietet sich für einen Urlaub auch der Herbst an.

Steckbrief

Lage: Im nordwestlichen Frankreich zwischen Großraum Paris und dem Ärmelkanal.

Fläche: Gesamtfläche 29 907 km²

Départements: Seine-Maritime (6278 km²), Calvados (5548 km²), Orne (6103 km²), Manche (5938 km²) und Eure (6040 km²).

Bevölkerung: 3,15 Mio. Einwohner (Stand 1990).

Bevölkerungsdichte: Größte Dichte im Département Seine-Maritime mit 190 Einw./km²; geringste Dichte im Département Orne mit 48 Einw./km².

Hauptstadt: Rouen im Département Seine-Maritime.

Höchster Punkt: Signal d'Ecouves im Norden von Alençon mit 417 m.

Küstenlänge: rund 600 km.

Natur und Umwelt

In der Normandie existieren drei regionale Naturparks. Der 40 000 ha große, 1974 ins Leben gerufene *Parc Naturel Régional de Brotonne* erstreckt sich entlang dem Tal der Seine von der Mündung bis etwa nach Le Trait, wo sich das Besucherzentrum des Parks befindet (Maison du Parc, 2, rondpoint Marbec, F-76580 Le Trait, ☎ 35 37 23 16, FAX 35 37 39 70; das zweite Maison du Parc de Brotonne ist in Notre-Dame-de-Bliquetuit, ☎ 35 37 23 16).

Der westliche Teil dieses Gebiets nennt sich ***Marais Vernier* und bildet eine weitgehend unverfälschte Naturlandschaft im Schwemmland der Seine. Der *Parc Régional Normandie-Maine* nimmt in der zentralen Normandie zwischen Mortain im Westen und Alençon im Osten eine Fläche von 234 000 ha ein. Noch nicht allzu lange existiert der *Parc Régional du Marais du Cotentin et du Bessin* (ⓘ Office Départemental de Tourisme de la Manche, Maison du Département, F-50000 St-Lô, ☎ 33 05 98 70, FAX 33 56 07 03). Er erstreckt sich zwischen St-Sauveur-le-Vicomte im Westen und Treviers im Osten über ein 120 000 ha großes Gebiet, das einerseits durch die typische *Bocage normand*, andererseits durch die Marschlandschaft der in die Baie des Veys mündenden Flüsse wie Vire, Seves, Tortonne und Douve charakterisiert ist.

Bevölkerung

Die Normandie hat sich bis in die Gegenwart ihren überwiegend ländlichen Charakter erhalten, wenngleich sie mit Rouen, Le Havre und Caen drei urbane Ballungsräume besitzt. Insgesamt leben in der Region 3,15 Mio. Einwohner (Stand 1990), wobei die Haute Normandie mit 1,73 Mio. gegenüber der Basse Normandie mit 1,42 Mio. leicht die Nase vorne hat.

Dünenküste des Calvados am Cap Manvieux.

Brauchtum

Die Normandie gilt zwar gemeinhin als traditionelles Land der Bauern und Fischer; Tatsache ist aber, daß auch diese Region in der Vergangenheit viele Strukturanpassungen und Modernisierungen erfahren hat. Im Zuge dieser Prozesse haben sich Sitten und Bräuche geändert bzw. sind auf der Strecke geblieben. Ähnlich standhaft haben sich über die Zeiten vor allem religiöse Wallfahrten zu den zahlreichen Pilgerzielen in der Normandie erwiesen, allen voran zum berühmten Mont-St-Michel. Nicht einmal während des Hundertjährigen Krieges verzichteten die Normannen darauf, am 29. September, dem Michaelisfest, zum Klosterfelsen zu pilgern. Die Wallfahrt findet an dem Sonntag statt, der dem Tag des Heiligen am nächsten liegt. Bei Festen und Feierlichkeiten sieht man gelegentlich noch Frauen, Männer und Kinder in alten Trachten, die in manchen Landstrichen schon ganz aus dem öffentlichen Leben verschwunden sind. Im Département Calvados etwa zeigen sich Frauen und Mädchen bei besonderen Anlässen noch in langen Röcken und gestärkten Spitzenhauben.

Mädchen beim Trachtenfest in Grandcamp-Maisy.

Das Schloß von Martainville.

Wirtschaft

Zwischen den einzelnen Départements sowie „Unterregionen" klaffen beträchtliche Unterschiede. Obwohl die Basse Normandie stärker ländlich orientiert ist als die Haute Normandie, gehen dort rund 120 000 Arbeitnehmer (24 Prozent der Werktätigen) einer industriellen Beschäftigung nach (Nahrungsmittelindustrie, elektrische und elektronische Industrie sowie Automobilbau), was beinahe dem nationalen Durchschnitt Frankreichs entspricht. In weiten Bereichen der westlichen Normandie, herrschen Vieh- und Pferdezucht sowie Ackerbau vor. Auch spielt die Milchwirtschaft etwa im Pays d'Auge eine große Rolle. Dort werden der weltberühmte Camembert, der Pont-l'Evêque und der Livarot hergestellt.

Mit einem Anteil von knapp 20 Prozent in der Landwirtschaft tätigen Menschen liegen die beiden Départements Manche und Orne weit über dem nationalen Durchschnitt von sechs Prozent. Potentester Wirtschaftsraum der Normandie ist das Tal der Seine um Rouen sowie Le Havre an der Flußmündung. Der Hafen Rouen profitiert von der Tatsache, daß er nur etwa 120 km vom Ärmelkanal landeinwärts liegt und für große Frachtschiffe erreichbar ist. Le Havre ist der Einfuhrhafen für Erdöl und spielt als Standort chemischer Industrie eine bedeutende Rolle.

Verwaltung und Politik

Die Normandie bildet als einzige von insgesamt 22 französischen Regionen eine Doppelregion, weil sie sich aus Basse und Haute Normandie zusammensetzt. Diese beiden Unterregionen bestehen aus den Départements Calvados, Manche, Orne, Seine-Maritime und Eure. Der Gesamtregion Normandie kommen seit den zwischen 1982 und 1983 verabschiedeten Dezentralisierungsgesetzen unterschiedliche Aufgaben im Bereich der Wirtschaft sowie der Bildung und Erziehung zu.

Geschichte im Überblick

58– 51 v. Chr. Römische Truppen unter Julius Cäsar erobern den Nordwesten des heutigen Frankreich.

Seit 52 v. Chr. Die Römer gründen die ersten Städte wie Rouen, Harfleur und Lisieux.

2. Jh. In der Normandie breitet sich das Christentum aus.

260 Gründung des Bistums Rouen durch Saint-Nicaise.

7. Jh. Gründung der ersten Klöster, wie Jumièges und Fontenelle, im Tal der Seine.

841 Wikinger fallen in der Normandie ein, plündern und brandschatzen die Abtei Jumièges.

911 Der Wikingerführer Rollo und der französische König Charles Le Simple unterzeichnen den Vertrag von St-Clair-sur-Epte und begründen damit das Herzogtum Normandie.

1027 Geburt von Wilhelm dem Eroberer, der sich erst 1042 gegen seine politischen Rivalen durchsetzen kann.

1066 Wilhelm erkämpft sich in der Schlacht bei Hastings mit dem Sieg über Harold die britische Krone.

1204 Anschluß der Normandie an das Königreich Frankreich.

1346 Beginn des Hundertjährigen Krieges mit der Landung des englischen Königs Edward III auf der Halbinsel Cotentin. Er beansprucht die französische Krone.

1431 Verbrennung von Jeanne d'Arc in Rouen wegen Hexerei und Ketzerei auf dem Scheiterhaufen.

1450 Die Normandie wird endgültig französisch.

1562–1598 Schwere Auseinandersetzungen während der Religionskriege zwischen Protestanten (Hugenotten) und Katholiken (Liga). Le Havre wird 1562 von englischen Truppen besetzt.

1598 Das Edikt von Nantes garantiert den Hugenotten das Recht zur freien Religionsausübung und räumt ihnen eine politische Sonderstellung ein.

1603 Samuel de Champlain segelt von Honfleur nach Nordamerika und gründet 1608 die kanadische Stadt Quebec.

1630 –1636 Schwere Pestepidemie in der Normandie.

1685 Der Sonnenkönig Louis XIV hebt das Edikt von Nantes aus dem Jahr 1598 auf und leitet damit die Hugenottenverfolgung ein.

1843 Fertigstellung der Bahnlinie von Paris nach Rouen.

1850 In der Nähe von Fécamp kommt Guy de Maupassant zur Welt.

1920 Heiligsprechung von Jeanne d'Arc, die zur Schutzpatronin Frankreichs erhoben wird.

1927 Die französischen Piloten Charles Nungesser und François Coli scheitern bei dem Versuch, den Atlantik ohne Zwischenstopp zu überfliegen.

1944 „Operation Overlord" beginnt am 6. Juni bei Tagesanbruch. Es geht um die koordinierte Landung der Alliierten an mehreren Küstenabschnitten.

1959 Fertigstellung der 1400 m langen Brücke von Tancarville.

1982 Einweihung des supermodernen Kulturzentrums Oscar Niemeyer in Le Havre.

1994 Fertigstellung der neuen Seinebrücke Pont de Normandie zwischen Le Havre und Honfleur.

Grab von Wilhelm dem Eroberer in Notre-Dame von Rouen.

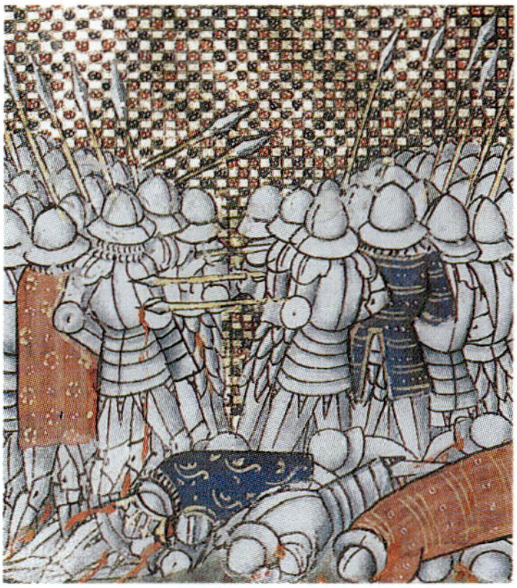

Hundertjähriger Krieg: Schlacht bei Crecy am 26. August 1346.

Jeanne d'Arc, gemalt von J. A. Dominique Ingres (Louvre).

Streithähne mit langem Atem

Mißliebige Familienbande haben schon häufig Mord und Totschlag heraufbeschworen. Daß eine Heirat aber einen über 100 Jahre dauernden Krieg zweier Völker nach sich zog, war selbst in der vom Frieden nicht gerade verwöhnten Geschichte Europas eine Ausnahme.

Das folgenreiche Ja-Wort tauschten im Jahr 1152 in der Kirche St-Pierre zu Lisieux der Herzog der Normandie, Henri II Plantagenet, und Eleonore von Aquitanien aus. Als Henri zwei Jahre später zum König von England gekrönt wurde, vereinigten sich in seiner Hand durch Erbschaften nicht nur England und die Normandie, sondern weite Teile des westlichen Frankreich wie Aquitanien, die Loiregrafschaften, Gascogne sowie die Lehnshoheit über die Bretagne. Fast 200 Jahre nach der Eheschließung von Lisieux setzte sich der englische König Edward III in den Kopf, die Kronen Englands und Frankreichs wieder in einer Hand zu vereinigen, nämlich der seinigen, denn mit Charles IV war 1328 die Linie der Kapetinger ausgestorben. Als Edward in seiner Eigenschaft als Neffe des Königs seinen Anspruch auf den französischen Thron erhob, löste er damit den sogenannten Hundertjährigen Krieg (etwa 1339–1453) aus, der tatsächlich aus 53 Jahren Krieg und 61 Jahren mehr oder weniger echtem Frieden bestand. Während des Hundertjährigen Krieges büßte die Region etwa ein Drittel ihrer gesamten Bevölkerung ein. Fatale Folgen für die Zivilbevölkerung hatte der Einsatz von Kanonen, die von englischer Seite eingesetzt wurden. Katastrophal wirkte sich außerdem die Pest aus. Erst mit der Unterstützung von Jeanne d'Arc gelangen französischen Truppen wichtige Siege. Das inquisitorische Kirchentribunal gegen die mutige Heerführerin stand dann unter der Leitung der Leitung von Peter Chauchon, dem Bischof von Beauvais und Freund der Engländer.

Kultur gestern und heute

Normannischer Genius hat die Kultur Frankreichs und sogar der Welt auf drei Gebieten – der Architektur, der Literatur und der Malerei – bereichert.

Architektur

War die Normandie während des ersten Jahrtausends nach Beginn der modernen Zeitrechnung vornehmlich durch die Römer und später durch die aus Skandinavien einfallenden Wikinger fremdbestimmt, so zeichnete sich seit der Mitte des 11. Jhs. in der Region eine eigenständige Entwicklung auf dem Gebiet der Architektur ab. Es bildete sich ein zwar von der burgundischen Frühromantik beeinflußter, aber dennoch sichtbar normannisch geprägter Baustil heraus, für den beispielhaft die romanische Abteikirche des Klosters Jumièges sowie die romanische Emporenbasilika St-Etienne in Caen standen. Arkaden im Innern und eine Empore mit Öffnungen zum Mittelschiff hin, die Zweiturmfassade und ein Vierungsturm über quadratischem Grundriß sind die typischen Merkmale. Der normannische Stil wurde sogar „exportiert". Bekanntes Beispiel war der damalige Neubau der Londoner Westminster Abbey zwischen ca. 1050 und 1065 unter Edward dem Bekenner.

Erster gotischer Bau war die von Abt Suger Mitte des 12. Jhs. erbaute Eglise St-Denis in der Ile-de-France, und von dort breitete sich dieser Stil über ganz Europa aus. Doch bildeten sich auch während dieser Epoche in der Normandie eigenständige Elemente, wie etwa die Laterne über der Vierung, heraus. Ein Beispiel ist die scheinbar aus Stein ziselierte Laterne der Kathedrale von

Coutances. Schon während der Romanik setzten ihre Baumeister das helle Tageslicht, das durch den Vierungsturm in den eher schummrig beleuchteten Kirchenraum drang, gekonnt als Architekturelement ein. Sie plazierten den Altar genau im Schnittpunkt des Himmelslichts. Während der Gotik entstanden auch in dieser Region die großen Sakralbauten. Immer üppiger geriet die Ornamentierung, die dann im verschwenderischen Dekor des spätgotischen Flamboyantstils ihren Abschluß fand. Beispiele sind die Kathedrale Notre-Dame und die Kirche St-Ouen in Rouen sowie die Kirche Notre-Dame in Pont-de-l'Arche. Der französische Begriff „flamboyant" bedeutet „flammend", passend für diese Maßwerkornamentik, die zu Stein erstarrten züngelnden Flammen ähnelt.

Romanische Kirche in Manéglise, nördlich von Le Havre.

Gotisches Eingangsportal von Notre-Dame in Rouen.

Literatur

Von einer normannischen Literatur kann erstmals im Mittelalter gesprochen werden. Zu jener Zeit tauchten literarische Werke sowohl am Hof des Herzogs als auch in den zahlreichen Klöstern auf, die seit dem 7. Jh. nicht nur zu religiösen, sondern auch zu geistigen Zentren herangewachsen waren. Diese Literatur befaßte sich vorrangig mit historischen Themen. So schrieb der aus Jumièges stammende Mönch Guillaume Caillouwie die „Geschichte der Wikinger".

Mit dem Anschluß an Frankreich im frühen 13. Jh. verlor die Normandie zwar nach und nach ihre regionale Eigenständigkeit, war aber dennoch in den nachfolgenden Jahrhunderten Heimat einer Reihe weltberühmter Dichter.

Am 6. Juni 1606 wurde in Rouen *Pierre Corneille* (1606–1684) geboren, der zunächst als königlicher Jurist arbeitete, im Alter von 23 Jahren aber seine

Das Ferdinand-Léger-Museum in Lisores in der Nähe von Lisieux.

erste Komödie verfaßte und zu einem der größten Bühnendichter Frankreichs wurde. Zu seinem ersten durchschlagenden Erfolg, gleichzeitig aber auch zu seinem umstrittensten Stück, wurde 1637 die Tragikomödie „Der Cid", die einen Höhepunkt in der französischen Literatur des 17. Jhs. markierte.

Ein echter Normanne und Sohn der Hauptstadt Rouen war auch *Gustave Flaubert* (1821–1880), der seit 1835 seine ersten literarischen Versuche unternahm, aber erst 1857 mit der Veröffentlichung des kleinstädtischen Eheromans „Madame Bovary" auf sich aufmerksam machte, als er wegen Verletzung der öffentlichen Moral vor Gericht stand, jedoch freigesprochen wurde. Flaubert wandte sich in seinen Werken vehement gegen den Gebrauch der banalen Alltagssprache, gegen Klischees und Gemeinplätze, weil er einer drohenden Verwilderung der Sprache entgegenwirken wollte.

Ein enge und langjährige Freundschaft verband Flaubert mit dem dritten „großen Normannen", *Guy de Maupassant* (1850–1893), der aus der Nähe von Fécamp stammte und sich nach einer Laufbahn als Beamter u.a. unter dem Einfluß Flauberts der Dichtung verschrieb.

Nach ersten Versuchen als Lyriker und Dramatiker schaffte Maupassant den literarischen Durchbruch 1880 mit der Novelle „Boule de suif" (Fettklößchen), welche ein Jahrzehnt intensiven Schaffens einleitete. In dieser Zeit schrieb er sechs Romane, Reiseberichte und ungefähr 260 Novellen, ehe er 1891 in geistige Umnachtung verfiel und zwei Jahre später starb.

Nicht nur gebürtige Normannen ließen sich von ihrer Heimat literarisch inspirieren. Zu den berühmten „Zugereisten", die häufig die Küste des Ärmelkanals besuchten, zählte *Marcel Proust* (1871–1922). Aus gesundheitlichen Gründen verbrachte er zwischen 1881 und 1913 häufig mehrere Wochen in der Seeluft.

Malerei

Der erste bedeutende gebürtige normannische Maler, Bildhauer und Zeichner in Personalunion war *Théodore Géricault* (1791–1824) aus Rouen. Er beeinflußte entscheidend die romantische Malerei Frankreichs. Seine künstlerische Laufbahn begann er als Kopist alter Meister wie Rubens und Tizian. Aufmerksamkeit erregte er 1812 mit dem monumentalen Reitergemälde „Offizier der kaiserlichen Gardejäger beim Angriff". Sieben Jahre später schuf er mit dem „Floß der Medusa" sein Hauptwerk. Eindrucksvolle Leistungen sind die späteren Bilder, die er von Geisteskranken malte.

Im Todesjahr von Géricault wurde in Honfleur *Eugène Boudin* (1824–1898) geboren, der seine Staffelei im Freien aufstellte und hauptsächlich Strand- und Meeresszenen unter dräuendem Himmel malte.

Boudin wurde mit seiner Malerei einer der Vorläufer des Impressionismus, der sich seit den sechziger Jahren des 19. Jhs. in Frankreich herausbildete und zwischen etwa 1870 und 1880 seinen Höhepunkt erlebte. Zu den bedeutendsten Vertretern dieser Stilrichtung zählten neben Claude Monet *Camille Pissarro, Auguste Renoir, Alfred Sisley, Jean Frédéric Bazille* und zeitweilig auch *Edgar Degas* und *Paul Cézanne*.

Besonders wichtige Impulse erhielt der Impressionismus von *Claude Monet* (1840–1926), der in Le Havre Eugène Boudin kennenlernte und sich von ihm zum Malen nach der Natur ermutigen ließ. Bei Studien in Paris machte er die Bekanntschaft von Camille Pissarro und lernte wenige Jahre später Renoir, Sisley und Bazille kennen, mit denen er zusammenarbeitete. Dieser Künstlerkreis versuchte, den im Freien gewonnenen Eindruck von der Natur möglichst lebendig auf die Leinwand zu übertragen.

Claude Monet stammte aus Paris, ließ sich aber 1883 in Giverny bei Vernon in der Normandie nieder, wo er in einem Landhaus inmitten eines von ihm selbst angelegten Gartens über vier Jahrzehnte bis zu seinem Tod lebte.

Gelegentlich brach Monet zu Reisen auf, die ihn entweder in die nähere Umgebung oder bis nach London und Venedig führten. Bekannt wurden seine Gemälde der Kathedrale von Rouen, die er im wechselnden Licht unterschiedlicher Tageszeiten darstellte (1894).

Während Claude Monet „nur" Wahl-Normanne war, stammten einige andere Maler aus der Region: *Raoul Dufy* (1877–1953) und *Emile Othon Friesz* (1879–1949) kamen aus Le Havre, *Fernand Léger* (1881–1955) war in Argentan zu Hause.

Rouen: Alljährlich findet im Mai das Jeanne-d'Arc-Fest statt.

Feste und Veranstaltungen

Januar/Februar Messe in Caen.
Februar Karneval in Granville.
März Wurstmarkt: Mortagne-au-Perche.
April Antiquitätenmarkt in L'Aigle.
Mai Jazz-Festival in Coutances; Mai-Fest in Evreux; Internationales Hockey-Turnier in Deauville sowie Segelregatta auf dem Ärmelkanal; Großes Fest der Normandie in Etretat; Jeanne-d'Arc-Feiern in Rouen; Große Wallfahrt der Seeleute in Honfleur; Prozession der Barmherzigen Brüder in Bernay; Internationale Regatten in Cherbourg; Surfwettbewerbe am Cap d'Antifer.
Juni Dichterfest in Forges-les-Eaux; Internationales Festival des romantischen Films in Cabourg; Internationales Ballonfestival in Balleroy; Juni-Fest in Verneuil-sur-Avre; Wallfahrt am Dreifaltigkeitstag in Fécamp.
Juli Jazz-Festival und Pferderennen in Deauville; Internationales Folklore-Festival in Domfront; Wallfahrt am Mont-St-Michel; Festival klassischer Musik in Honfleur; Jazz-Festival in Trouville; Meeresfest in Fécamp; Feuerwerk in Lisieux; historisches Fest in Carrouges; Wallfahrt am Mont-St-Michel.
August Polo-Weltmeisterschaften; Fest des Meeres und der Malerei in Yport; Windsurfer-Wettbewerb „La Fanatic Cup" in Cabourg; Meeresfest in St-Vaast-la-Hougue; Wallfahrt in Lisieux; Licht- und Ton-Show in Forges-les-Eaux; Blumencorso in Le Havre.
September Großes Fest der hl. Thérèse in Lisieux; Heilig-Kreuz-Markt in Lessay; Internationales Treffen der Freunde des Drachenfliegens in Dieppe; Reiter-Festival in Carrouges; St-Michel-Wallfahrt am Mont-St-Michel.
Oktober Oldtimer-Rallye in Deauville; Pferderennen und Gespann-Parade in Haras-du-Pin; Apfelmesse in Vimoutiers.
November Heringsmesse in Lieurey und in Dieppe; Apfelweinfest in Beuvron-en-Auge; St-Romain-Messe in Rouen; St-Martin-Messe in Neufchâtel-en-Bray.
Dezember Truthahnfest in Sées; Nikolausmarkt in Evreux.

Essen und Trinken

Wer in der Normandie über einen der vielen Wochenmärkte schlendert, wird Zurückhaltung üben müssen, um nicht einem ungebremsten Kaufrausch zu verfallen. Die appetitlichen Angebote an den Käse-, Fisch-, Gemüse- und Fleischständen reizen erfahrungsgemäß nicht nur die Geschmacksnerven, sondern sind auch eine optische Attraktion. Damit keine Unklarheiten aufkommen: Die Küche *à la normande* kennt keine Kalorientabellen. Butter-, Sahne- und Calvadosfässer haben ihren festen Platz neben dem Herd behaupten können. Der normannische Koch verfeinert seine Speisen mit *double crème* oder mit der noch gehaltvolleren *triple crème*. Schließlich verleihen sie vielen Gerichten jenen runden, unverwechselbaren Geschmack.

Was das Angebot an Frischfisch anbelangt, tauchen Steinbutt *(turbot)*, Lachs *(saumon)*, Rochen *(raie)*, Seeteufel *(lotte)*, Seezunge *(sole)*, Karpfen *(carpe)* und Forelle *(truite)* oder Lachsforelle *(truite de mer)* am häufigsten auf Speisekarten auf. Nicht minder umfangreich ist die Auswahl bei den unterschiedlichen Schalentieren wie Taschenkrebse *(tourteaux)*, Jakobsmuscheln *(coquilles St-Jacques)*, Miesmuscheln *(moules)*, Krabben *(crevettes)* oder Austern *(huîtres)*, die auf einer gemischten Meeresplatte serviert werden. Geradezu verpönt ist vor allem im Cotentin die Sitte, Austern mit Zitronensaft zu beträufeln. Statt dessen greift man in St-Vaast und anderswo auf lokale Zutaten zurück, wie z. B. zu einer Sauce aus Schalotten und Apfelessig. Wer die Schalentiere gegart bevorzugt, dem sei das Gericht *Huîtres aux Pommes* empfohlen. In diesem Fall kommen die ausgelösten, gratinierten Austern auf leicht säuerlichen Äpfeln drapiert auf den Tisch.

Weitere typisch normannische Fischgerichte sind beispielsweise die *Marmite dieppois*, ein Fischeintopf nach Diepper Art mit sämiger Sauce, oder die *Soupe à la graisse* (Schmalzsuppe), die aus unterschiedlichen Gemüsesorten wie Kartoffeln, Lauch, Kohl, grünen Bohnen, Sellerie und Petersilie besteht und mit Schmalz gekocht wird.

Natürlich finden sich nicht nur die Produkte des Meeres auf der Speisekarte. Beim *Agneau pré-salé*, das häufig angeboten wird, handelt es sich um Fleisch von Lämmern, die auf den von salziger Meeresluft gebürsteten Wiesen der normannischen Küste herumgelaufen sind. Gerne werden Innereien gegessen, etwa *Tripes à la mode de Caen* (Kutteln).

Das flüssige Markenzeichen des Département Calvados ist der weltbekannte Apfelschnaps gleichen Namens. Zum gehüteten Geheimnis eines jeden Herstellers gehört das Mischverhältnis von süßen und sauren Äpfeln, aus denen der Most gepreßt wird. Bei einem Anteil von etwa 5 Vol.-% bekommt der Most die Bezeichnung *Cidre bouché*.

Überall in der Normandie wird dieser Apfelwein serviert. Es gibt ihn auf Flaschen gezogen zu kaufen. Wie beim Wein sind die Geschmacks- und Qualitätsunterschiede enorm. Der Most, der zu Calvados weiterverarbeitet wird, bleibt etwa zwei Jahre lang auf seiner Hefe im Faß, ehe er in mehreren Schritten destilliert am Ende ungefähr 25 Vol.-% enthält. Das Destillat ist farblos wie Wasser und bekommt, ähnlich dem Cognac, erst durch die Lagerung in Eichenfässern seine Bernsteinfarbe. Zwei Jahre alter Calvados trägt die Bezeichnung *vieux;* nach drei Jahren darf sein Produzent ihn *vieille réserve* und nach mindestens sechs Jahren *hors d'âge* nennen. Zwei weitere Gaumenfreuden sind *Pommeau,* ein 18prozentiger Apfellikör, sowie der Kräuterlikör *Bénédictine* aus Fécamp.

Urlaub aktiv

Geradezu berühmt sind in der Region jene Küstenabschnitte, die sich aufgrund ihrer idealen Wetterbedingungen zu einem Dorado für **Windsurfer** entwickelt haben. Westküste des Cotentin: Kairon Plage, Plage de la Potinière bei Barneville-Carteret, Le Rozel, Siouville. Nordküste des Cotentin: Urville-Nacqueville. Calvados: Côte Fleurie. Côte d'Albâtre: Cap d'Antifer, Etretat, Ste-Marguerite, Mer-les-Bains bei Le Tréport.

Utah Beach an der Ostküste der Halbinsel Cotentin ist Ziel der **Strandsegler.** Der flache Sand und die häufig günstigen Windverhältnisse schaffen ausgezeichnete Bedingungen. Die komplette Ausrüstung kann vor Ort gemietet werden (Camping Le Cormoran, Ravenoville/Ste-Mère-Eglise, ☏ 33 41 33 94, Anfang April bis Ende Sept.).

Wer anstatt auf dem Sand lieber auf dem Wasser segelt, findet an den Küsten neben vielen Jachthäfen ungefähr ein halbes Hundert **Segelklubs,** die Boote vermieten (z. B. Noroit Marine, P. Delagree, 1, rue Destrais, F-50100 Tourlaville, ☏ 33 20 30 64), und etwa ebenso viele Segelschulen, die Kurse anbieten (z. B. Aries Location, J. Sauneuf, Port Chaterney, F-50100 Cherbourg, ☏ 33 94 15 50; Jeune Araine, Dominique de Recy, 13, rue du Nord, F-50400 Granville, ☏ 33 50 12 23.

Im traditionellen Perdezuchtgebiet nimmt der **Reitsport** einen breiten Raum ein. ℹ ☏ 35 84 29 48.

Unterkunft

Das Angebot reicht vom historischen Schloß über das Luxushotel bis hin zum Privatzimmer auf dem Bauernhof. Viele Hotels unterliegen der Kontrolle der Direction du Tourisme. Ihre Klassifizierung unterscheidet fünf Kategorien. Diese Hotels sind an dem sechseckigen blauen Schild mit dem Buchstaben „H" in der Mitte neben dem Eingang zu erkennen. Die Anzahl der Sterne auf diesem Schild gibt über den zu erwartenden Komfort sowie über das Preisniveau Auskunft. In diesem Reiseführer sind die ersten drei Kategorien unter den Zeichen $))), $)), $ zusammengefaßt. Manche Hotels, Ferienwohnungen und Privatquartiere unterliegen keiner Klassifizierung.

ℹ Verzeichnis sämtlicher Hotels in der Region: Comité Régional de Tourisme de Normandie, 14, rue Charles-Corbeau, F-27000 Evreux, ☎ 32 33 79 00, FAX 32 31 19 04.

Climat de France

Die Häuser dieser Hotelkette liegen vorwiegend in touristisch interessanten Gegenden. Dank eines automatischen Schlüsselabgabesystems können die Zimmer rund um die Uhr bezogen werden. Über die deutsche Agentur kann man ein Scheckheft mit elf Hotel-Vouchers erwerben, die statt Barbezahlung akzeptiert werden.

ℹ stb-Reisen, Roßmarkt 12, D-60311 Frankfurt/M., ☎ 0 69/29 20 49, FAX 0 69/28 47 65.

Logis de France

In diesem Hotelverband (Kennzeichen gelber Kamin in grünem Wappenschild) sind hauptsächlich kleinere, familiengeführte Hotels organisiert, die in der Regel auf dem Land liegen, bestimmten Qualitätsnormen entsprechen und gleichzeitig die traditionelle Gastronomie der Region repräsentieren.

ℹ Association des Logis de France de Normandie, 83, av. d'Italie, F-75013 Paris.

„Logis en Liberté" nennt sich der Service, über den ein Zimmer dieser Hotelkette schon von Deutschland aus vorbestellt werden kann.

ℹ Privattours, Kaiser-Friedrich-Promenade 87, D-61348 Bad Homburg, ☎ 0 61 72/2 98 15, FAX 0 61 72/29 05 39.

Relais du Silence

Dieser Verband vereint Häuser in reizvoller, ruhiger Umgebung, die sich einem hohen gastronomischen Niveau verpflichten.

ℹ Secretariat Relais du Silence, 2, passage Du Guesclin, F-75015 Paris, ☎ (1) 45 66 77 77, FAX (1) 40 65 90 09.

Formule 1

Diese Niedrigpreis-Hotels sind mit einem Doppelbett, einem Einzelbett, Waschbecken, Dusche und WC sowie Fernseher ausgestattet (Dusche/WC teils auf der Etage).

ℹ Formule 1, Immeuble Le Descartes, 29, promenade Michel-Simon, BP 159, F-93163 Noisy-le-Grand Cedex, ☎ (1) 43 04 01 00, FAX (1) 43 05 31 51.

Ferienwohnungen

Bei sog. *Gîtes Ruraux* handelt es sich um ziemlich komfortabel eingerichtete Ferienwohnungen, die auf dem Land liegen, und deren Qualitätsstandard von einem Zentralverband ständig überwacht wird.

Unter *Chambres d'Hôtes* versteht man Privatunterkünfte, die dem englischen Bed & Breakfast entsprechen. Die Kategorien sind mit Sternen (von * bis ***) kenntlich gemacht.

ℹ Comité Régional de Tourisme de Normandie (s.o.); Gîtes de France, Deutsche Reservierungszentrale, Sachsenhäuser Landwehrweg 108, D-60598 Frankfurt/M., ☎ 0 69/68 35 99, FAX 0 69/68 62 36.

Ferme-Auberge

Überall in der Normandie gibt es diese privat geführten bäuerlichen Gaststuben teils mit Übernachtungsangebot. Dort werden in der Regel landestypische Mahlzeiten bzw. Menüs und Getränke serviert. Viele dieser Betriebe gehören zur Organisation der Gîtes de France (s. o.).

Jugendherbergen

Detaillierte Informationen sowie ein Gesamtverzeichnis ist beim Jugendherbergsverband des Heimatlandes zu bekommen. In Frankreich gibt es zwei unterschiedliche Verbände mit eigenen Verzeichnissen:

Fédération Unie des Auberges de Jeunesse, 27, rue Pajol, F-75018 Paris, ☎ (1) 46 07 00 01, FAX (1) 46 07 93 10.

Ligue Française pour des Auberges de la Jeunesse, 38, bd Raspail, F-75007 Paris, ☎ (1) 45 48 69 84, FAX (1) 45 44 57 47.

Darüber hinaus existieren noch die sogenannten internationalen Begegnungszentren, die in der Union de Rencontres Internationales de France, 21, rue Béranger, F-75003 Paris, zusammengefaßt sind.

Camping – Caravaning

Während der Hauptreisezeit empfiehlt sich eine rechtzeitige Reservierung. Ein Verzeichnis sämtlicher Campingplätze der Region gibt es bei allen Fremdenverkehrsämtern.

Reisewege und Verkehrsmittel

Mit dem Flugzeug

Wer in die Normandie fliegen will, muß einen Zwischenstopp in Paris einlegen, um von dort mit kleineren Maschinen zu Flughäfen wie etwa Caen, Cherbourg, Deauville und Le Havre starten zu können.

🛈 Über innerfranzösische Verbindungen informieren die Büros der Air France.

Mit der Bahn

Die TGV-Hochgeschwindigkeitszüge *(Train à Grande Vitesse)* verkehren auf der Linie Le Havre–Rouen–Lyon sowie Lille–Rouen–Brest–Rennes. Reisende müssen vor Antritt der Fahrt einen Platz reservieren sowie einen entsprechenden Zuschlag lösen. Beides läßt sich bis zu fünf Minuten vor der Abfahrt an den Automaten der TGV-Bahnhöfe erledigen. Sollte ein Zug ausgebucht sein, wird per Computer die nächstmögliche Verbindung vorgeschlagen.

🛈 Auskünfte über Ermäßigungen, die zum Teil schon im Heimatland gelten, bekommt man in Deutschland, Österreich und der Schweiz bei den Informationsstellen der größeren Bahnhöfe bzw. in Deutschland bei den DER-Reisebüros.

Mit dem Auto

Autobahngebühren sind Schwankungen unterworfen und können bargeldlos mit Eurocheque-Karte bezahlt werden. Für kurze Teilstücke sollte man ausreichend Kleingeld bei sich haben. Vor Antritt der Reise sollte man sich den Auslandsschutzbrief (Autoklubs oder Versicherungen) besorgen, damit anfallende Kosten bei Krankheit, Unfall, aber auch bei Diebstahl abgedeckt sind. Abgesehen vom nationalen Führer- und Kraftfahrzeugschein empfiehlt sich für Deutsche die Mitnahme der grünen Versicherungskarte.

Empfehlenswerte Straßenkarte: Michelin „Normandie“ Nr. 231/1:200 000.

🛈 Auskünfte, vor allem über abweichende Verkehrsvorschriften, erteilen die Automobilklubs:

ADAC: Bei allen ADAC-Geschäftsstellen.
AVD: Lyoner Straße 16, D-60528 Frankfurt-Niederrad.
ÖAMTC: Schubertring 3, A-1010 Wien.
TCS: 9, rue Pierre-Fatio, CH-1211 Genève.

Straßenhilfsdienst

Auf Autobahnen wird Pannenhilfe über die Notrufsäulen angefordert; auf Landstraßen, in Ortschaften und Städten über den Polizeinotruf (Police Secours) ☎ 17. Pannenhilfe kann auch unter der Rufnummer 05 08 92 22 der AIT-FIPA Assistance überall, außer auf Autobahnen, von 0–24 Uhr in deutscher Sprache herbeigerufen werden.

Zusätzlich hat der ADAC einen deutschsprachigen Notrufdienst eingerichtet: in Paris ☎ (1) 45 00 42 95; ganzjährig.

Französischer Automobilklub

Automobile Club de France (ACF):
6, place de la Concorde, F-75008 Paris.

Tempolimit/Radarfallen

Innerhalb geschlossener Ortschaften gilt eine Geschwindigkeitsbegrenzung von 50 km/h, auf Landstraßen 90 km/h, Schnellstraßen 110 km/h und Autobahnen 130 km/h.

Üppig gestaltete Fassade Ecke Rue d'Amiens/Rue Boucheries, Rouen.

Hauptstadt **Rouen

Guckloch ins Mittelalter

Wenn sich die Sonne hinter dem Atlantik schlafen gelegt hat, kriecht in der Altstadt von Rouen das Mittelalter über das holprige Pflaster, über dem sich die Giebel der Fachwerkhäuser zu berühren scheinen. Das trübe Licht schmiedeeiserner Straßenlaternen läßt dunkle Hauseingänge und Winkel nur noch schwärzer erscheinen, und wenn der Glockenschlag einer Turmuhr im nächtlichen Stadtkern verhallt, kommt man sich unversehens vor wie in einem Film mit den Drei Musketieren ... Mit dem Unterschied, daß in der Hauptstadt der Normandie die Fachwerkhäuser mit ihren jahrhundertealten Fassaden, die gotischen Kirchen mit ihren filigranen Türmen und die bürgerlichen Renaissancepaläste nicht Kulisse, sondern historische Bausubstanz sind, Architekturrelikte, die kulturelle und wirtschaftliche Blütezeiten ebenso wie schicksalsschwere Epochen überdauert haben.

Das Zentrum von Rouen mit seinen krummen Gassen und verwitterten Fassaden, seinem Flair von bröckelndem Putz und himmelstürmender Spätgotik nimmt einen augenblicklich gefangen, sobald man den Neustadtring mit seinen funktionalen, doch langweiligen Bauten durchquert und die Altstadt, die Herz und Seele in einem bildet, erreicht hat.

Von den umliegenden Höhenzügen mit bekannten Aussichtspunkten wie der **Basilique de Bonsecours* oder dem Vorort *Canteleu* etwa sieht das Meer von Dächern und Türmen von Rouen fast wie eine x-beliebige französische Großstadt aus. Ist man eingetaucht in den alten Kern der normannischen Metropole, schlagen die Jahrhunderte über einem zusammen, als sei das Mittelalter nie zu Ende gegangen.

Stadtgeschichte

Das bekannteste Ereignis in der Geschichte von Rouen ist die Verbrennung von Jeanne d'Arc auf dem Scheiterhaufen im Jahr 1431. Aber die Anfänge der Stadt reichen viel weiter in die Vergangenheit zurück und nehmen seit etwa dem ersten vorchristlichen Jahrhundert erkennbare Konturen an. Schon vor Christi Geburt hatten sich am Ufer der Seine Gallier des Stammes der Veliocassen niedergelassen. Die Siedlung wurde im ersten vorchristlichen Jahrhundert von römischen Eroberungstruppen unter Julius Cäsar eingenommen.

Zu Beginn des 10. Jhs. wählte der Wikingerfürst Rollo Rouen zu seiner Hauptstadt und ließ die ersten Hafenanlagen bauen. Nach der Eroberung der Normandie durch den französischen König Philippe II Auguste im Jahr 1204 dauerte es über den Hundertjährigen Krieg hinweg bis 1450, ehe die Engländer endgültig vertrieben waren und Rouen mit der restlichen Region ein Teil Frankreichs wurde.

Bis zum Beginn der Religionskriege 1562 erlebte Rouen sein Goldenes Zeitalter. Im Flamboyantstil wurden damals die Kirche St-Maclou sowie die Tour de Beurre der Kathedrale fertiggestellt. Der spätgotischen Baukunst folgte unter dem Einfluß des Erzbischofs von Rouen, Georges I d'Amboise, die italienische Renaissance, die in der Hauptstadt zahlreiche profane Gebäude prägte. Erste Fayence-Manufakturen sowie einige Webereien entstanden und machten die Stadt zu einem bedeutenden Wirtschaftszentrum und gleichzeitig zum zentralen Warenumschlagplatz in einer Zeit, da die Seefahrt sich anschickte, Handelsbeziehungen selbst mit den fernsten Regionen der Welt anzuknüpfen (s. S. 15). Die Religionskriege (1562–1598), der Dreißigjährige Krieg (1618–1648) und die Aufhebung des Edikts von Nantes (1685) mit der sich daraus ergebenden Flucht vieler im Geschäftsleben stehender Hugenotten ins Ausland beeinträchtigten die Fortentwicklung Rouens über lange Zeiträume hinweg, ehe im frühen 18. Jh. mit der Ansiedlung von Textilindustrien auf der Basis bislang unbekannter Techniken und Materialien eine neue Ära des Wohlstandes heraufdämmerte, zu der im 19. Jh. der Anschluß an das Eisenbahnnetz im Jahr 1843 sowie eine Erweiterung der Hafenanlagen beitrugen.

1. Place du Vieux-Marché
2. Musée Corneille
3. Gros-Horloge
4. Cathédrale Notre-Dame
5. St-Maclou
6. Aître de St-Maclou
7. St-Ouen
8. St-Godard
9. Musée des Beaux-Arts
10. Musée de la Céramique
11. Tour Jeanne-d'Arc
12. Palais de Justice

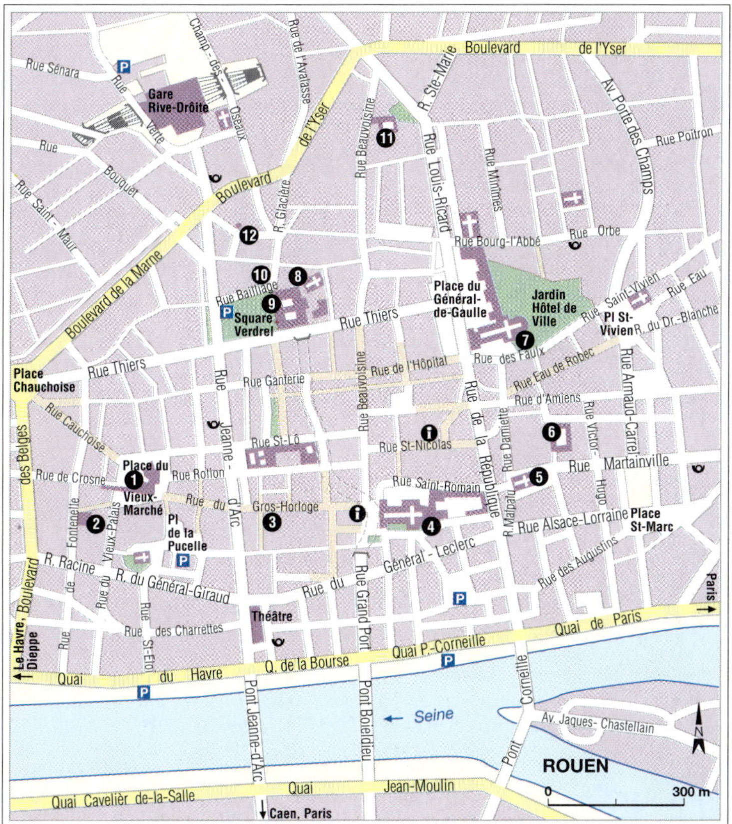

Viel einschneidender als der Deutsch-Französische Krieg von 1870/71, während dessen die Haute Normandie von deutschen Truppen besetzt wurde, waren die Auswirkungen des Zweiten Weltkriegs. Fast die gesamte Altstadt sowie große Teile der Industrieanlagen wurden zerstört. Nach dem Wiederaufbau und der Restaurierung großer Teile des alten Kerns sowie der Anlage ganzer Neubauviertel, wie etwa der *Cité Administrative* jenseits der Seine, bildet Rouen heute mit etwa 380 000 Einwohnern den größten urbanen Ballungsraum und den bedeutendsten Industriestandort in der Normandie.

Sehenswürdigkeiten in der Altstadt

Es versteht sich von selbst, daß man den historischen Kern zu Fuß erkundet, denn Parkplätze sind wie in allen Großstädten ausgesprochene Mangelware. Drei Stunden sollten für den Abstecher ins Mittelalter schon veranschlagt werden; Museen verlangen zusätzliche Zeit.

***Place du Vieux-Marché ❶**. Auf diesem Platz markiert das 20 m hohe Kreuz jene Stelle, an der 1431 Jeanne d'Arc auf dem Scheiterhaufen verbrannt wurde (Exkurs s. S. 29). Nach der Schutzpatronin Frankreichs ist die moderne, fast futuristisch anmutende Kirche (Baujahr 1979) gleich nebenan benannt. Ihre farbenprächtigen Fenster wurden jedoch im 16. Jh. gefertigt und stammen aus der 1944 zerstörten Kirche St-Vincent. Die Südseite des Platzes wird von einer Reihe historischer Fachwerkbauten eingerahmt. Neben einigen traditionsreichen Restaurants, die mit vielversprechenden Speisekarten um die Gunst des potentiellen Gastes werben, gäbe es die Möglichkeit, dem kleinen *Musée Jeanne d'Arc* mit seinem Wachsfigurenkabinett einen Besuch abzustatten. Das Geburtshaus des großen Dichters Pierre Corneille (1606–1684), heute ***Musée Corneille ❷** (4, rue de la Pie), ist zumindest ein Muß für all jene, denen der Name noch aus dem Französischunterricht vertraut ist.

An der Place du Vieux-Marché beginnt die gepflasterte Fußgängerzone **Rue du Gros-Horloge*. Entlang diesem alten, belebten Straßenzug entstanden im Rahmen des Wiederaufbaus moderne Schaufensterfronten, die sich in dieser Umgebung fremd und unpassend ausnehmen.

****Gros-Horloge ❸**. Diese wahrhaft große Uhr zählt zu den bekanntesten Sehenswürdigkeiten der Stadt. Ihr goldenes Zifferblatt, das den Vergleich mit einer strahlenden Sonne aushält, wurde 1527 in den die Straße überspannenden Bogen eingesetzt. Rechts daneben erhebt sich der Beffroi. Dieser Glockenturm spielte 1382 bei einer politischen Auseinandersetzung der Bürger mit der Staatsmacht eine wichtige Rolle. Als mal wieder eine Steuererhöhung beschlossene Sache war, ließ die aufgebrachte Menge die beiden Glocken des Turms läuten. König Charles VI reagierte umgehend auf seine Art auf die Aufmüpfigkeit seiner Untertanen: Er ließ den oberen Teil des Glockenturms einfach abreißen und vernichtete damit ein wichtiges Nachrichten- und Alarmsystem.

Nirgendwo im Geflecht der Altstadtgassen tritt einem die mittelalterliche Architektur erhabener, ja sogar ehrfurchtgebietender gegenüber als auf der *Place de la Cathédrale*.

*****Cathédrale Notre-Dame ❹**. Die Fertigstellung der riesigen und dennoch schwerelos wirkenden Fassade der Kathedrale dauerte vom 12. Jh. bis 1530, der Grund, weshalb an dem Bauwerk sämtliche Stilrichtungen der Gotik abzulesen sind. Wie ein magisches Auge Gottes zieht im Zentrum der Fassade die um 1370 entstandene Rose den Blick des Betrachters magnetisch auf sich. Ungemein lebendig wirkt ihr Figurenschmuck. Die dargestellten Baumeister, geistlichen Würdenträger und gemeinen Bürger ebenso wie Herr

Weithin sichtbar sind die Türme der Kathedrale.

und Diener stehen auf Nischenkonsolen und scheinen für einen Moment des Nachdenkens zu verharren. Zwei Türme, die 82 m hohe *Tour St-Romain* (links) aus dem 12. Jh. und die 77 m hohe spätgotische *Tour de Beurre* (rechts) aus der Zeit von 1485 bis 1507 mit einem Glockenspiel aus 56 Glocken, flankieren die Fassade. Die Bezeichnung „Butterturm“ bezieht sich auf eine gängige Praxis vermögender Bürger im Mittelalter. Während der Fastenzeit erkauften sie sich den kirchlichen Dispens mit dem sog. Buttergeld. Der höchste Kirchturm Frankreichs, der Mittelturm (151 m), wird von einer gußeisernen Spitze gekrönt. Alle drei Portale sind von Statuen und Bildwerken eingefaßt, die in ihrer Vollkommenheit vergessen lassen, daß sie aus Stein gemeißelt sind.

Eine der Hauptsehenswürdigkeiten: Gros-Horloge.

Im Inneren empfängt einen das nach Weihrauch duftende Halbdunkel einer langen Geschichte. Durch die Patina der Buntglasfenster fällt das gefilterte Licht und taucht das 135 m lange und 28 m hohe Kirchenschiff in ein mystisches Halbdunkel. Die gewaltigen Mauern halten Lärm und Hektik der Stadt draußen.

Schönes altes Fachwerk in der Altstadt an der Rue Martainville.

Der Chor gehört mit der Krypta zu den ältesten Teilen des Bauwerks. Er geht auf einen romanischen Vorgängerbau zurück. Im Chorumgang bzw. der Apsis wurden u. a. jene vier bedeutenden Normannen beigesetzt, die die Geschichte der Region nachdrücklich prägten: Im ersten Hochgrab ruht Rollo, der mit seinem Schwur von St-Clair-sur-Epte 911 das Herzogtum begründete. Sein Sohn Guillaume Longue-Epée (Wilhelm Langschwert) vergrößerte die Region um die Halbinsel Cotentin und die Gegend um Avranches, ehe er im Jahr 942 einem Mordanschlag zum Opfer fiel. Im dritten Grab wurde das Herz von Richard Löwenherz bestattet, der auf einem Feldzug im Limousin von einem Pfeil an der Schulter getroffen wurde und am 6. April 1199 an Blutvergiftung starb. Die letzte Grabstelle ist die der beiden Erzbischöfe – Onkel und Neffe – von Rouen, Georges I und II d'Amboise, von denen der erste 1494 zusammen mit Charles VII zu einem Italienfeldzug aufbrach. Dort angekommen, interessierte sich Georges I eingehend für die italienische Renaissance, die er nach seiner Rückkehr mit Erfolg in der Normandie propagierte. Dieses 1515 bis 1525 geschaffene Grabmal, das zu den herausragenden Kunstwerken der Kathedrale zählt, stellt die beiden Kardinäle kniend dar. Von den Querschiffen öffnen sich zwei Portale: Der reiche Figurenschmuck des *Portail de la Calende* im südlichen Kreuzarm stellt u.a. Märtyrer sowie die Taufe Jesu dar. Berühmter ist der *Portail des Libraires* (Buchhändlerportal) im nördlichen Querschiffarm mit einem Bild des Jüngsten Gerichts im Giebelfeld.

An der Nordseite der Kathedrale verläuft die *Rue St-Romain,* eine alte, schmale Gasse, durch die schon Jeanne d'Arc mit einer weißen Ketzermütze auf dem Kopf, so wie sie im Wachsfigurenkabinett (s. S. 26) dargestellt ist, gegangen sein mag. Schließlich fand dort im Erzbischöflichen Palais ihr letzter Prozeß statt, bevor ihre Asche nach dem Tod auf dem Scheiterhaufen in die Seine gestreut wurde.

Der Flamboyantstil der Spätgotik ist typisch für zahlreiche Sakralbauten dieser Stadt, wie z.B. bei ** **St-Maclou** ❺. Die Bauzeit dieser Kirche lag bemerkenswerterweise zwischen 1437 und 1517, als sich der Renaissancestil bereits durchgesetzt hatte. An der Westfassade betritt man die im Vergleich mit der Kathedrale recht kleine Kirche durch eine fünfteilige Vorhalle mit zwei geschnitzten Portalen, die den italienischen Einfluß erkennen lassen. Ein beliebtes Fotomotiv ist der Brunnen mit der Figur eines pinkelnden Knaben an der Nordwestecke der Kirche.

Manch einer wird sich auf seinem Spaziergang durch die Altstadt fragen, wie dieses Zentrum wohl im Mittelalter ausgesehen haben muß, als Pferdekarren tiefe Furchen in den weichen Untergrund der Gassen schnitten und das Klappern der Webstühle durch die Häuserschluchten hallte.

In der Nähe von St-Maclou, genauer gesagt in der *Rue Malpalu* oder der *Rue Damiette,* nehmen solche Vorstellungen konkretere Formen an, denn dort stehen zahlreiche Bürgerhäuser, die zwischen dem 15. und 18. Jh. gebaut wurden. An der Nordseite der Kirche zieht sich die * *Rue Martainville* mit den schönsten Fachwerkfassaden von ganz Rouen entlang. Durch einen unauffälligen Hofeingang (184–186, rue Martainville) gelangt man in den

** **Aître de St-Maclou** ❻, einen rechteckigen Innenhof. Während der diversen großen Pestepidemien ab dem 16. Jh. wurde dieser Hof als Sammelplatz für die Seuchenopfer genutzt, bevor sie eine Beisetzung in Massengräbern fanden. Allein zwischen 1630 und 1636 raffte der Schwarze Tod rund 20 Prozent der gesamten Bevölkerung der Region dahin. Das Schnitzwerk der zweigeschossigen Fachwerkgalerien, die den Hof umgeben und in denen heute Studenten der **Ecole des Beaux-Arts** (Akademie der Schönen Künste) unterrichtet werden, spiegeln in makaberen Szenen Angst und Schrecken wider. Der Betrachter blickt in hohläugige Totenschädel, auf gekreuzte Gebeine und Werkzeuge des Sensenmannes wie Stundengläser und Hippen.

** **St-Ouen** ❼. Diese Kirche steht in der kleinen Parkanlage des Rathauses (Hôtel de Ville). Angeblich soll schon im 4. Jh. an dieser Stelle eine Abtei gestanden haben, die 300 Jahre später unter der Leitung des hl. Audoenus (franz. Ouen) kam, der erst als Offizier

Teenager ohne Furcht und Tadel

Immer wieder gab es in der 2000jährigen Geschichte der Stadt Rouen düstere Epochen. Aber wahrscheinlich hat kein Ereignis einen so nachhaltigen Eindruck hinterlassen wie die Verbrennung von Jeanne d'Arc auf dem Scheiterhaufen im Jahr 1431. Kriege und Revolutionen, Brandschatzungen und Bombenhagel waren nicht weniger grausam, aber sie richteten sich nicht gegen eine einzelne Person, die unentrinnbar im barbarischen Gestrüpp von Intrigen, Rivalitäten und bigotten Anmaßungen verstrickt war und die zudem eine Frau war – nicht einmal 20 Jahre alt.

Wahrscheinlich kam Jeanne im Jahr 1412 zur Welt – das genaue Geburtsdatum läßt sich nicht belegen. Ihre Wiege stand in Domrémy im Osten Frankreichs, wo ihre Eltern einen Bauernhof bewirtschafteten. Schon als 14jährige glaubte sie, durch geheimnisvolle Stimmen zum Kampf gegen die Engländer aufgefordert worden zu sein.

Damals tobte in Frankreich der Hundertjährige Krieg (s. S. 12), mit dem die englische Krone ihren Anspruch auf französisches Territorium mit Waffengewalt durchsetzen wollte. Die entscheidende Wende in dieser Auseinandersetzung trat 1429 in dem Moment ein, als Jeanne d'Arc, der Teenager ohne Furcht und Tadel, ihre Hauptrolle übernahm.

Unter einem Banner mit der Aufschrift „Jesus Maria", geschützt von einer weißen Rüstung, führte Jeanne im Mai 1429 das französische Heer nach Orléans, um die von den Engländern belagerte Stadt zu befreien. Mit diesem ersten Sieg schlug sich das Kriegsglück auf die Seite der Franzosen, so daß sich Charles VII in Reims zum König von Frankreich krönen lassen konnte.

Bei Compiègne fiel Jeanne in die Hände der Engländer, die sie nach Rouen überführten und sie wegen Ketzerei und Hexerei vor Gericht stellten. Als Hintergrund des Schauprozesses muß die Absicht gesehen werden, ihr in ganz Frankreich gewachsenes Ansehen zu zerstören, ihren missionarischen Eifer als Teufelswerk darzustellen und gleichzeitig den frisch gekrönten Charles VII wegen seiner Kontakte zu Jeanne zu diskreditieren.

diente und dann zum Bischof von Rouen ernannt wurde. Wahrscheinlich ließ Rollo, dessen Denkmal im Park zu sehen ist, die Reliquien des Heiligen im Jahr 916 nach Rouen bringen, wo es im Laufe der Zeit unterschiedliche Nach- und Neubauten am Kloster gab. Bei der Kirche deckt kurzgeschorener Rasen jene Stelle, an der Jeanne d'Arc das Todesurteil verkündet wurde.

Das 1767 beendete **Hôtel de Ville** steht dort, wo früher die Mönche des Klosters St-Ouen ihre Wohn- und Arbeitsräume hatten. Interessanter als der Blick auf die Fassade des Rathauses dürften in diesem Fall die Statuen von Persönlichkeiten sein, die in die-

Denkmal der Jeanne d'Arc an der Place du Vieux-Marché.

sem Land Geschichte geschrieben haben: Zu nennen wären Pierre Corneille, Jeanne d'Arc und Louis XV (1710 bis 1774), der während seiner Regentschaft stark unter dem Einfluß seiner beiden Geliebten stand. Jeanne Antoinette Poisson, seit 1745 Marquise de Pompadour, war die graue Eminenz am königlichen Hof und brachte 1756 Frankreichs Bündnis mit Österreich gegen Preußen und England zustande, wodurch das Land in den Siebenjährigen Krieg verstrickt wurde. Die Verbindung des Königs mit Marie Jeanne Bécu, der späteren Madame Dubarry, war nicht weniger pikant. Das ehemalige Freudenmädchen tauchte 1769 bei Hofe auf und setzte schon ein Jahr später den Sturz eines Ministers durch. Vier Jahre später wurde sie aus dem Umfeld des Königs verbannt und auf Anordnung von Robespierre hingerichtet.

Place St-Godard. Die Umgebung dieses Platzes, benannt nach der gleichnamigen Kirche ***St-Godard** ❽ aus dem 15. Jh. mit ihren schönen Fenstern, bildet mit fünf Museen den städtischen Kulturbezirk, unter denen das

****Musée des Beaux-Arts** ❾ (Museum der Schönen Künste, geöffnet tgl. außer Di sowie Mi vormittags 10–12 und 14–18 Uhr) das bekannteste ist. Es versteht sich fast von selbst, daß in dieser Stadt neben Werken der französischen Malerei des 16. bis 20. Jhs. vor allem die Arbeiten normannischer Künstler im Mittelpunkt stehen. So ist Théodore Géricault (s. S. 16) eine spezielle Ausstellung gewidmet. Eine andere Abteilung befaßt sich mit dem französischen Impressionismus und vor allem mit den in der Region arbeitenden Künstlern wie Monet, Renoir und Sisley (s. S. 16). Interessant ist in diesem Zusammenhang auch das **Musée de la Céramique** ❿. Zu sehen gibt es u. a. kostbare Fayencen neben einfacher Keramik aus Rouen und schöne Porzellansammlungen. Die Produktion hochwertiger Töpferarbeiten war bereits um 1550 eine Spezialität der ortsansässigen Manufakturen. Um 1644 wurde sogar ein spezielles regionales Design, blauer Dekor auf weißem Grund oder umgekehrt, kreiert. An die dunklen Stunden von Rouen erinnert in der *Rue du Donjon* die

Tour Jeanne-d'Arc ⓫. In diesem ehemaligen Burgturm mit spitzem Kegeldach und Schießscharten statt Fenstern wurde Jeanne d'Arc gefangengehalten und nachweislich am 9. Mai 1431 im Erdgeschoß gefoltert. Eine spätere und heitere Epoche versinnbildlicht in der Altstadt an der Place Maréchal-Foch das *****Palais de Justice** ⓬ im ehemaligen Judenviertel. Das grandios gestaltete Bauwerk entstand ab 1499 in einer Zeit, da die Renaissance den spätgotischen Flamboyantstil abzulösen begann. Beim Blick über den offenen Hof auf die Hauptfassade hat man den Eindruck, als hätte der Kathedralbaumeister Roulland le Roux ein letztes Mal all sein Können ausgespielt, um mit Würde und Respekt eine Architekturepoche zu Ende zu bringen – ein eindrucksvolles Abschiedsgeschenk an die Nachwelt. In dem Prachtbau residierte zur Regierungszeit von François I das Parlament der Normandie. Im Zweiten Weltkrieg wurde der Palast beschädigt, inzwischen aber wiederhergerichtet. Unter seinen Fundamenten wurden während der Restaurierung Resten eines vermutlich mehr als 800 Jahre alten Hauses mit Hebräischen Schriftzeichen, dessen Ursprung bis heute nicht enträtselt sind, entdeckt.

Praktische Hinweise

ⓘ Syndicat d'Initiative, 25, place de la Cathédrale, F-76000 Rouen,
☎ 35 71 41 77, FAX 35 98 55 50,
◷ Ostern bis Ende Okt. Mo bis Sa 9–19, sonn- und feiertags 9.30–12.30 und 14.30-18 Uhr; Nov. bis Ostern tgl. außer So 9–12 und 14–18.30 Uhr.

🚆 Verbindung mit vielen französischen Großstädten Zwischen Paris und Rouen verkehren tgl. ca. 20 Züge. Die Fahrzeit für die Strecke von 139 km beträgt etwa eineinviertel Stunden.

Hafenrundfahrten im Frühjahr und Sommer (Termine und Abfahrtsstellen im Fremdenverkehrsbüro).
Linien- oder Ausflugsbusse zu vielen Zielen der Region. Außerdem werden vom Syndicat d'Initiative Tagestouren zu den Klöstern im Tal der Seine (s.S. 48) angeboten.

Fensterrose in St-Ouen.

Hotels

Mercure Altéa, Av. Aristide-Briand, ☎ 35 52 42 32, FAX 35 08 15 06, sehr sauberes Drei-Sterne-Hotel wenige Schritte von der Kirche St-Maclou entfernt. $$
Colin's Hôtel, 15, rue de la Pie, ☎ 35 71 00 88, FAX 35 70 75 94, in der Altstadt gelegen mit Einrichtungen für Geschäftsleute. $$
Le Manoir de St-Adrien, 6, chemin de la Source, St-Adrien (südlich von Rouen), ☎ 35 23 32 00, FAX 35 23 66 66, elegantes und sehr ruhiges Fachwerkschlößchen. $$
Versan, 3, rue Thiers, ☎ 35 70 22 00, FAX 35 70 22 60, liegt günstig für Besuche der großen Museen bzw. der Kirche St-Ouen. $
Viking, 21, quai du Havre, ☎ 35 70 34 95, FAX 35 89 97 12, freundliches Hotel am Ufer der Seine. $

Szenen des Schreckens im Innenhof von Aître de St-Maclou.

Restaurants

Gill, 9, quai de la Bourse, ☎ 35 71 16 14, FAX 35 71 96 91, bestes Restaurant von Rouen, Spezialitäten sind Blätterteiggerichte oder etwa Täubchen nach Art des Hauses. $$
Couronne, 31, place du Vieux-Marché, ☎ 35 71 40 90, FAX 35 71 05 78, Drei-Sterne-Restaurant in einem der ältesten Bürgerhäuser der Stadt aus dem 14. Jh. $$
Les Nymphéas, 9, rue de la Pie, ☎ 35 89 26 69, u. a. hervorragende Fischgerichte wie etwa Normannische Seezunge. $$

In der Altstadt.

** Dieppe

Hafen der Weltentdecker

Samstagvormittag: Der Himmel wölbt sich wie ein blauer Baldachin über der Place du Puits-Salé, auf der sich nicht nur fünf Straßen kreuzen, sondern an diesem Tag die Bauern des Umlandes ihre Stände aufgebaut haben. Samstag ist Markttag und somit Gelegenheit für ein Schnäppchen, für einen Schwatz über blankpolierte Apfelberge oder aufgetürmten Weißkohl hinweg.

Stadtgeschichte

Wer das beschauliche und doch betriebsame Dieppe mit seinen 40 000 Einwohnern an solchen Tagen kennenlernt, kommt kaum auf den Gedanken, daß hier vor Jahrhunderten mutige Seefahrer an Bord ihrer Schiffe gingen, um die entferntesten Winkel der Erde zu erkunden. Männer wie etwa die Gebrüder Parmentier, Jean Cousin, Thomas Aubert und Pierre Le Moyne d'Iberville kehrten in Dieppe ihrer Heimat den Rücken, um auf tollkühnen nautischen Unternehmungen den Seeweg auf die Insel Sumatra, zur Amazonasmündung, zum St.-Lorenz-Strom und das Mississippidelta zu erforschen. Die Seefahrerei hat sich seit damals im Städtchen merklich verändert: Heute dominieren die modernen Fährschiffe das Hafenbild, die eine bewegliche Brücke zwischen der Normandie und Großbritannien herstellen, über die in den Sommermonaten Tausende von Engländern einen Abstecher auf den Kontinent machen. Wie sich der neue Kanaltunnel auf den Fährverkehr auswirken wird, bleibt abzuwarten.

Damals begann die Blütezeit der Stadt, deren Name sich aus einer Verballhornung des englischen Wortes „deep" (tief) ableitet, was als Hinweis auf die Tiefe der Gewässer vor der Küste gesehen werden muß. Im Goldenen Zeitalter, also im 16. und 17. Jh., war der Wohlstand der Hafenstadt eng an den Namen der Reederfamilie Ango gekoppelt, die mit ihren Handelsschiffen das große Geld nach Dieppe brachte. Jean Ango (1480–1551) stieg sogar zum Flottenberater von König François I auf, in dessen Diensten auch der florentinische Seefahrer Giovanni de Verrazano stand, dem die Erkundung der amerikanischen Ostküste zugeschrieben wird.

Die Religionskriege, Pestepidemien und ein Bombardement im Jahr 1694 der mit Frankreich im Krieg befindlichen Niederländer und Briten, dem die fast ganz aus Holz erbaute Stadt zum Opfer fiel, trugen zum stetigen Niedergang von Dieppe bei. Er konnte nur durch die erfolgreiche Fischerei und die im 18. Jh. beginnende Spitzenklöppelei in seiner negativen Dynamik gebremst werden. Mit dem um 1824 einsetzenden Badetourismus begann für die Küstenstadt eine neue Ära.

Im Jahr 1942 scheiterte ein um Dieppe unternommener Landungsversuch britisch-kanadischer Truppen unter schweren Verlusten. Das Landungsunternehmen von 1944 war bekanntlich ein Erfolg.

Stadtbesichtigung

Wer sich der Stadt von Süden oder Westen nähert, sollte für den ersten Gesamtüberblick den ***Aussichtspunkt** ❶ oberhalb des alten Schlosses direkt am Abbruch der Steilküste anfahren.

***Vieux Château** ❷. Das alte Schloß (🕓 Juni bis Sept. tgl. 10-12 und 14–16 Uhr, Okt. bis Mai Di geschlossen) über den Steilfelsen im Osten der Stadt ist ein wuchtiger Bau (15. Jh.) mit Wehrtürmen an seinen Ecken, der seit der Grundsteinlegung mehrmals, u. a. durch den Festungsbaumeister Vauban, verändert wurde. Das Schloß war dann

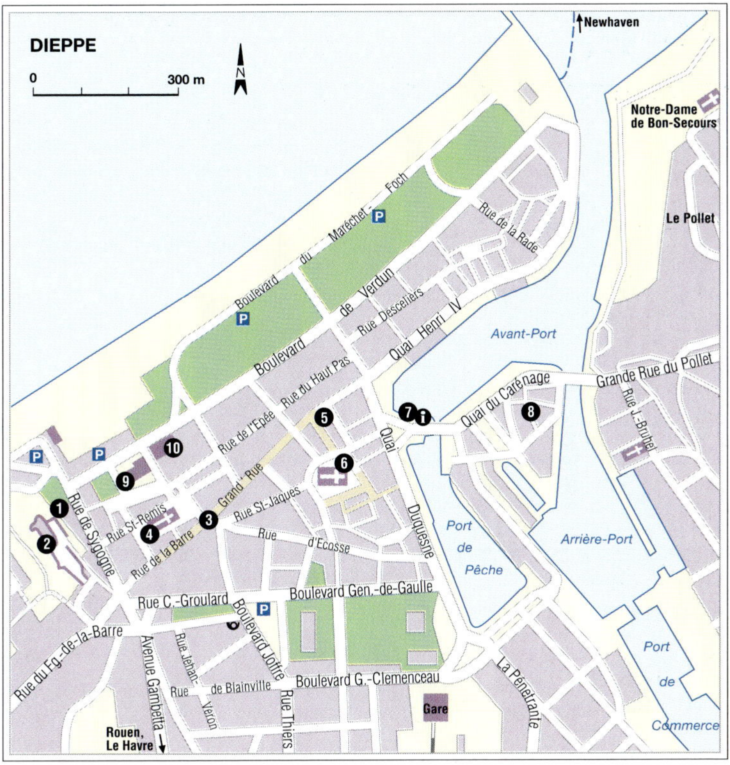

lange Zeit Residenz des Statthalters, ehe es zu einer Kaserne umfunktioniert wurde. 1923 zog das städtische Museum *Musée du Château* ein, das sich aufgrund seiner Elfenbeinsammlungen weit über die Stadtgrenzen hinaus einen Namen gemacht hat. Bereits im 14. Jh. hatten Diepper Seefahrer die westafrikanische Küste erreicht und von dort das „weiße Gold" mit nach Hause gebracht. Begabte Schnitzer fertigten aus dem edlen Material religiöse wie alltägliche Gegenstände.

Place du Puits-Salé ❸. Dieser Platz, der nach einem kleinen Brunnen vor dem „Café des Tribuneaux" benannt ist und der, wie der Name andeutet, ursprünglich mit Salzwasser gespeist wurde, ist Mittelpunkt des Geschäftszentrums.

❶ Aussichtspunkt
❷ Vieux Château
❸ Place du Puits-Salé
❹ St-Rémy
❺ Place Nationale
❻ St-Jacques
❼ Pont Jehan Ango
❽ Le Pollet
❾ Porte des Tourelles
❿ Spielkasino

Nur wenige Schritte entfernt, steht **St-Rémy** ❹. Die zügige Fertigstellung des Sakralbaus wurde durch die Wirren der Religionskriege verhindert. Die beiden wichtigsten Bauphasen lagen zwischen 1552 und 1645. Nach zahlreichen Beschädigungen wurde die Kirche mehrfach renoviert, doch sind etwa mit dem gotischen Chor sowie der Fassade im Louis-XIII-Stil einige originale Teile erhalten.

Die lebhafte Hauptgeschäftsstraße Grande-Rue – Fortsetzung *Quai Henri IV* – stellt die Verbindung zum Hafen her. Zum Glück konnte zwischen T-Shirt-Läden und durchgestylten Modeboutiquen der eine oder andere Tante-Emma-Laden neben einem Delikateßgeschäft seinen Platz behaupten. Auf der **Place Nationale** ❺ erinnert das Denkmal an Abraham Duquesne (1610–1688), der unter Louis XIV die französische Flotte befehligte. Die benachbarte Kirche

* **St-Jacques** ❻ präsentiert sich als eine zu Stein erstarrte Baustilkunde. Ihre ältesten, frühgotischen Teile stammen von einem Vorgängerbau, der um 1195 beim Sturm der Soldaten von Philippe II Auguste auf die Stadt in Schutt und Asche gelegt wurde. Die hauptsächliche Bauzeit fiel in die Epoche der Gotik, während Teile im Innern, vor allem im Chor, der Marienkapelle und der Sakristei, im Stil des Flamboyant bzw. der Renaissance ausgeführt wurden.

Pont Jean-Ango ❼. Diese Brücke trennt die beiden Hafenbecken *Port de Pêche* vom *Avant Port*. Von dem zuletzt genannten legen die Fähren nach England ab. Auf der östlichen Seite des Hafens haben im ehemaligen Fischerviertel **Le Pollet** ❽ enge Gassen und schmale Häuser überlebt, die früher ausschließlich von Küstenfischern bewohnt waren.

Dieppes kleinstädtische Restaurantmeile (s. u.) zieht sich auf der westlichen Seite des Hafens am Quai Henri IV der Gare Maritime entlang. Wer hier an einem der kleinen Tische gemütlich Platz nimmt, kann wie von einem Logenplatz das An- und Ablegen der Englandfähren beobachten.

Die Stadt leistet sich zwei Promenadestraßen entlang der Küste: den *Boulevard du Maréchal-Foch* sowie den *Boulevard de Verdun*, der dort verläuft, wo früher einmal eine Befestigung die Stadt gegen das offene Meer hin absicherte.

Wer sich speziell für die Meeresbiologie, aber auch den Schiffsbau und die Fischerei im Ärmelkanal interessiert, darf das Aquarium

Estran – Cité de la Mer (37, rue de l'Asile Thomas) nicht versäumen. Zu den Resten der alten Stadtmauer gehört die von zwei wehrhaften Türmen flankierte **Porte des Tourelles** ❾ am Boulevard de Verdun in der Nachbarschaft des Anfang der sechziger Jahre erbauten **Spielkasinos** ❿.

Praktische Hinweise

ℹ Syndicat d'Initiative, Pont Jean-Ango, F-76200 Dieppe,
☎ 35 84 11 77, Fax 35 06 27 66. (S)

Hotels

Aguado, 30, bd de Verdun,
☎ 35 84 27 00, von diesem sehr komfortablen Hotel sind es nur wenige Schritte zum Strand. (S)

La Présidence, 2, bd de Verdun,
☎ 35 84 31 31, Fax 35 84 86 70, liegt in der Nachbarschaft des Kasinos. (S)

Plage, 20, bd de Verdun,
☎ 35 84 18 28, Fax 35 82 36 82, Zimmer mit Blick auf Strand und Küste. (S)

Restaurants

La Présidence, 2, bd de Verdun,
☎ 35 84 31 31, Fax 35 84 86 70, Restaurant in einem Nobelhotel mit regionaler und französischer Küche. (S)

Marmite Dieppoise, 8, rue St-Jean,
☎ 35 84 24 26, Spezialität ist u. a. die Traditionsspeise, nach der das Lokal benannt ist. (S)

Le Havre

Der normannische Phönix

Die Szenerie hat Kalenderblattformat. Frischer Wind kräuselt das blaue Wasser im Bassin de la Manche. Wie eine weiße Fata Morgana gleitet ein kolossaler Überseedampfer durch das Hafenbecken zum Terminal de Grande-Bretagne. Das dröhnende Schiffshorn gibt das Signal, Leinen fliegen vom Deck und landen klatschend am Quai, rasselnd fällt die Gangway in ihre Verankerung – Endstation Le Havre.

Mag der quirlige Betrieb am Quai auch noch so sehr in die Vorstellung von einer stimmungsvollen Hafenstadt passen: Auf Le Havre trifft das nur bedingt zu. Keine Stadt der Normandie hat ihre historische Bausubstanz durch die Einwirkungen des Zweiten Weltkriegs so vollständig eingebüßt wie diese. Ihr gesamtes Zentrum entstand mit wenigen Ausnahmen nach 1945 neu.

In den 50er Jahren des 20. Jhs. entstand die Kirche St-Joseph.

Der kulturelle Treffpunkt: Musée des Beaux-Arts André Malraux.

Geschichte

Nach 1945 entstand Le Havre nicht zum ersten Mal nach einem städteplanerischen Gesamtkonzept. 1517 wurde sie unter König François I (1515–1549) anstelle des regelmäßig von der Versandung bedrohten Hafens Harfleur angelegt.

Zu Beginn der Religionskriege wurde die stark vom Protestantismus geprägte Stadt im Jahr 1562 per Vertrag von Hampton Court englisch, aber bereits ein knappes Jahr später wieder französisch. Nachdem schon unter der Regierung von Henri IV die Hafenanlagen modernisiert worden waren, blieb es dem Gouverneur von Le Havre, Kardi-

Prächtiges Schnitzwerk in der Cathédrale Notre-Dame.

nal Richelieu, vorbehalten, weitere Ausbauten vorzunehmen. Unter Finanz-, Kultus- und Marineminister Jean Baptiste Colbert (1661–1683), dem „Superminister" Louis' XIV, entwickelte sich während der Regentschaft des Sonnenkönigs nicht nur Frankreichs Kolonialreich, sondern auch der von Le Havre aus betriebene Überseehandel vor allem mit der Ostindischen Gesellschaft. Während der Auseinandersetzungen mit England richteten ein Bombardement im Februar 1694 sowie eine Beschießung im Juli 1759 große Schäden in der Stadt an. Neuen wirtschaftlichen Aufschwung verzeichnete Le Havre mit der Unabhängigkeit der amerikanischen Kolonien 1776, als der Warenhandel der Neuen Welt mit Europa sich von der englischen an die französische Küste verlagerte.

Katastrophale Zerstörungen brachte der Zweite Weltkrieg mit sich. 80 000 Einwohner verloren ihre Wohnungen, 10 000 Gebäude wurden in Schutt und Asche gelegt. Der Wiederaufbau unter der Leitung des französischen Architekten Auguste Perret wurde im Prinzip zum Neuaufbau der Stadt, da nur wenige Gebäude der Innenstadt unbeschädigt geblieben waren.

Stadtbesichtigung

Place de l'Hôtel de Ville ❶. Kühle Geometrie ist das Markenzeichen dieses großen Stadtplatzes mit Blumenrabatten und einem Brunnen, die einen hübschen Park bilden. Das *Hôtel de Ville* ist ein schmuckloses, von einem 72 m hohen Turm überragtes Gebäude, in dem neben Büros der Stadtverwaltung auch das Office de Tourisme eingezogen ist.

Lange Zeit vernachlässigt und von den Einheimischen nicht sonderlich geschätzt, hat der **Strand ❷** von Le Havre in jüngster Zeit sein Gesicht gründlich verändert. Der parallel zum *Boulevard Albert I* verlaufende Küstenabschnitt wurde 1993 einer kosmetischen Operation unterzogen und auf etwa einen Kilometer Länge in einen Freizeitpark verwandelt, durch den sich ein Bach schlängelt und in dem es außer einer Strandpromenade noch Spiel- und Sporteinrichtungen, zahlreiche kleine Imbißstände, Läden und Restaurants gibt, die dem Gelände zu größerer Popularität bei Einheimischen wie Besuchern verhelfen sollen.

Über mangelnden Zuspruch als beliebter Treffpunkt konnte sich demgegenüber der städtische Jachthafen **Port de Plaisance ❸** noch nie beklagen. Vor Sonnenuntergang spazieren die Menschen an schönen Sommerabenden zum Hafen. Im letzten Tageslicht gleitet der Blick weit über die auf und ab tanzenden Schiffsmasten hinweg. Der auffrischende Wind verfängt sich noch einmal in den farbenfrohen Surfsegeln und treibt die Bretter im rasanten Tempo über die Wellenberge hinweg. Farblos reckt sich stadteinwärts gesehen der 109 m hohe Betonturm der **Eglise St-Joseph ❹** gen Himmel. In den fünfziger Jahren entstand der Entwurf auf dem Zeichenbrett von Auguste Perret. Die Wände dieser monotonen Monumentalarchitektur sind durch bunte, gläserne Ziegel aufgelockert, durch die Licht von draußen ins Innere dringt, ohne allerdings viel zur „Erhellung" des Interieurs beitragen zu können.

Musée des Beaux-Arts André Malraux ❺ (🕓 tgl. außer Di 10–12 und 14 bis 18 Uhr). Dieses Museum ist zu einer kulturell wichtigen Institution geworden. Gleichzeitig mit dem großzügigen Bau aus Glas, Aluminium und Stahl wurde im Jahr 1961 sein „Wahrzeichen", eine monumentale Skulptur von H. G. Adam, vollendet und beim Museum aufgestellt. Die Reputation dieses Hauses als hervorragendes Kunstmuseum ist längst bis in die entlegensten Winkel Frankreichs vorgedrungen. Die Exponate, die größtenteils aus einem im Krieg zerstörten Kunstmuseum stammen, stellen einen Querschnitt durch die europäische Malerei der letzten 300 Jahre dar, wobei vor allem die Arbeiten französischer, flämischer und niederländischer Meister gezeigt werden. Ganz besonderen Platz nehmen natürlich die Künstler der Normandie ein, wie etwa Eugène Boudin, Emile Othon Friesz, Raoul Dufy, Claude Monet, Camille Pissarro, Georges Braque und Jean Dubuffet.

Terminal de Grande Bretagne ❻. Die Englandfähren gehen wenige Schritte vom Stadtzentrum entfernt ebenso vor Anker wie stattliche Passagierschiffe. Völlig klar, daß dieser Hafen auf jeden eine große Faszination ausübt.

Cathédrale Notre-Dame ❼. Die Fertigstellung des Baus wurde in der zweiten

❶ Place de l'Hôtel de Ville
❷ Strand
❸ Port de Plaisance
❹ Eglise St-Joseph
❺ Musée des Beaux-Arts André Malraux
❻ Terminal de Grande Bretagne
❼ Cathédrale Notre-Dame
❽ Musée d'Histoire Naturelle
❾ Passerelle
❿ Maison de la Culture du Havre

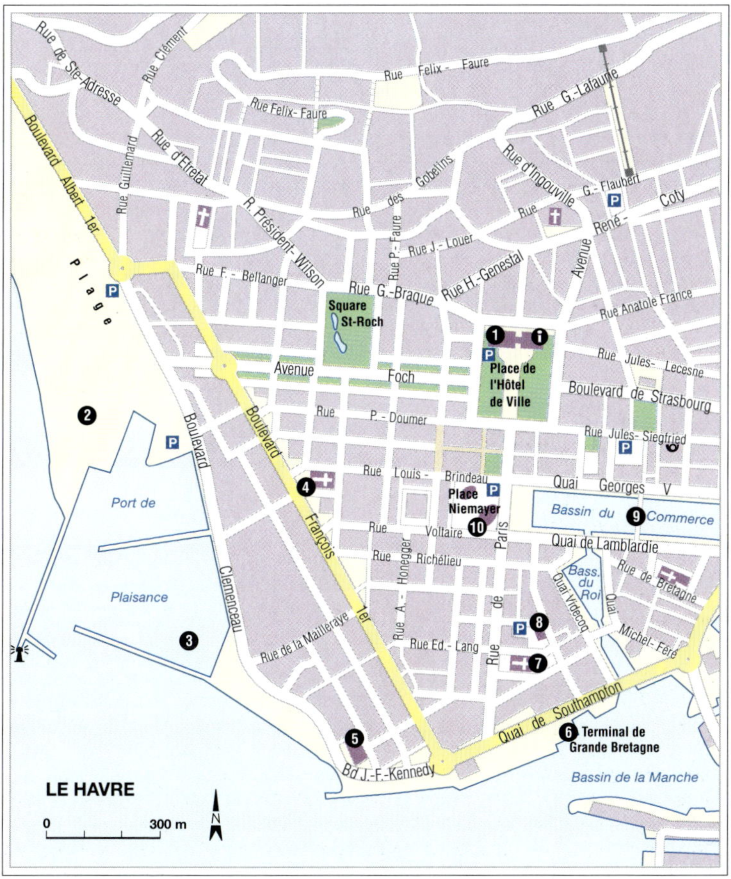

Riesenprojekt: Pont de Normandie

Im Jahr 1994 wurde mit dem Pont de Normandie ein ehrgeiziges Riesenprojekt fertiggestellt. Nach dem Pont de Tancarville und dem Pont de Brotonne handelt es sich dabei um die dritte Straßenbrücke am Unterlauf der Seine, welche eine Verbindung zwischen Le Havre und Honfleur herstellt. Die Maße des Bauwerks sind beeindruckend: Bei 2141 m Länge beträgt die Distanz der Hängebrücke zwischen den beiden 214 m hohen Stützpfeilern 856 m. Die vertikalen Träger stecken rund 50 m tief im Grund und wiegen mit jeweils etwa 20 000 t etwa doppelt soviel wie der Eiffelturm.

Das neue Superbauwerk überspannt einen Fluß, der seit Jahrzehnten im Namen des Fortschritts langsam aber sicher zu Tode gequält wurde. Das hochkonzentrierte Abwasser der chemischen Werke und Papierfabriken im Umfeld des Seinetals, das Fehlen von Kläranlagen für städtische Abwässer und die Überdüngung durch die Landwirtschaft belasten den Fluß schwer. Eine geringfügige Erholung ist durch die Schließung einiger Betriebe der Schwerindustrie eingetreten. Nach einem Zeitraum von 15 Jahren kann jetzt von einer Verbesserung der Wasserqualität geredet werden.

Hälfte des 16. Jhs. durch die Religionskriege verzögert und konnte erst 1630 mit der Westfassade vollendet werden. Die Kirche wurde bei den Bombenangriffen während des Zweiten Weltkriegs schwer getroffen. Zu den wertvollsten Details der Innenausstattung gehört die 1637 eingebaute Orgel, deren hölzerne Teile mit prächtigem Schnitzwerk versehen sind. 1980 wurde *La Grand Orgue* wieder eingesetzt.

Musée d'Histoire Naturelle ❽. Das ehemalige Gebäude, der Justizpalast der Stadt Le Havre, mußte nach 1945 von Grund auf wiederaufgebaut werden. Schlimmer als der architektonische Verlust war der Schaden, der an den empfindlichen naturkundlichen Exponaten entstand. Bis heute konnten die damals verlorengegangenen ornithologischen, mineralogischen und zoologischen Exponate noch nicht vollständig ersetzt werden.

Östlich des Museums bildet das *Bassin du Roi* zusammen mit dem *Bassin du Commerce* zwei „Seen" im Stadtkern, die mit dem äußeren Hafenbecken verbunden sind und die auf zwei Seiten das *Quartier St-François*, das älteste Viertel von Le Havre, umschließen. Aufgrund seiner exponierten Lage läßt sich nach einem Blick auf den Plan leicht erkennen, daß es sich ursprünglich um eine kleine Insel handelte, die über Brücken mit der restlichen Stadt verbunden war. Auch bis in diesen historischen Kern, dort wo früher Marktfrauen frischen Fisch und Muscheln lautstark anboten, ist die Modernisierung vorgedrungen.

Passerelle ❾. Wie ein Flitzebogen aus Beton mit Stahlseilen überspannt diese Fußgängerbrücke das *Bassin du Commerce*. Sie dient nicht nur als Abkürzung auf dem Weg ins Stadtzentrum, sondern auch als Aussichtspunkt. Von ihrem Scheitelpunkt ergibt sich der schönste Blick auf die zentrale *Place Niemeyer*. Unübersehbares Wahrzeichen des neuen Le Havre ist die ultramoderne **Maison de la Culture du Havre ❿** an der Place Niemeyer. Sie wurde 1982 als Kulturzentrum eingeweiht und zählt zu den wenigen Hauptwerken des brasilianischen Architekten Oscar Niemeyer, die dieser außerhalb seines Heimatlandes fertigstellte. Der Komplex besteht aus zwei asymmetrischen Gebäuden. Das größere, mit Theater, Kino und Ausstellungen, kennen die Einheimischen besser unter dem Namen *Le Grand Volcan* (der große Vulkan), während andere Vergleiche mit dem Kühlturm eines Atomkraftwerkes oder einem auf den Kopf gestellten Joghurtbecher heranziehen.

Praktische Hinweise

Syndicat d'Initiative, Place de l'Hôtel de Ville, BP 649, F-76059 Le Havre, ☏ 35 21 22 88, FAX 35 42 38 39.
Strecke Le Havre–Rouen–Paris, mehrmals täglich.
Über Etretat nach Fécamp oder über Pont-Audemer nach Honfleur.
Fähren legen mehrmals tgl. nach Portsmouth und Southampton (☏ 35 21 36 50) sowie mehrmals pro Woche nach Irland (☏ 35 53 28 83) ab.

Hotels

Hôtel de Bordeaux, 147, rue L.-Brindeau, ☏ 35 22 69 44, FAX 35 42 09 27, alle Sehenswürdigkeiten der Innenstadt sind leicht erreichbar. $$$
Mercure, Chaussée d'Angoulême, ☏ 35 19 50 50, FAX 35 19 50 99, vornehmstes und am besten ausgestattetes Hotel der Stadt. $$$
Hôtel le Marly, 121, rue de Paris, ☏ 35 41 72 48, FAX 35 21 50 45, gepflegtes Stadthotel zwischen Hafen und Kulturzentrum. $$
Hôtel Foch, 4, rue Caligny, ☏ 35 42 50 69, FAX 35 43 40 17, zentrale Lage neben der Kirche St-Joseph. $$
Le Green, 209, bd de Strasbourg, ☏ 35 22 63 10, FAX 35 22 57 62, sauber, aber ohne großen Komfort.
Bauza, 15, rue Georges-Braque, ☏ 35 42 27 27, FAX 35 42 13 67, nahe der Place de l'Hôtel-de-Ville. $

Restaurants

Le Petit Bedon, 39, rue L.-Brindeau, ☏ 35 41 36 81, FAX 35 21 09 24, die erste Adresse in Le Havre natürlich mit dem entsprechendem Preisniveau, erste Augusthälfte geschlossen. $$$
Yves Page, 7, place Clémenceau, Ste-Adresse, ☏ 35 46 06 09, spezialisiert auf Meeresfrüchte. $$

Die Fußgängerbrücke über das Bassin de Commerce.

Die Villa Maritime am Bd Albert I.

Postmodernes Straßencafé an der Place de l'Hôtel de Ville.

**Caen

Romanisches Juwel mit modernem Schliff

Historisches Urgestein, das sich von seiner irdischen Schwere löste, um in den Himmel aufzusteigen – so liegt sie da, die Männerabtei von Caen, eine von emsigen Händen gemauerte Steinlandschaft aus gedrungenen Gewölben, Arkaden, Stützen, Streben, Dächern und nadelspitzen Türmen. Feldzüge, Kriege, Rivalitäten und Revolutionen brachten ihr schwere Schläge bei, von denen manche Narben blieben – aber sie hat überlebt. Und wer aus der Helligkeit eines Sommernachmittags in das lautlose Dunkel der alten Abteikirche tritt, beginnt zu spüren, wie betroffen 900 Jahre Geschichte machen können, die zwischen den hoch aufragenden Pfeilern wohnen.

Stadt der Künste, Hochburg der Romanik, Residenz von Wilhelm dem Eroberer – Caen, die 183 000 Einwohner zählende Hauptstadt der Basse Normandie, trägt diese Beinamen zu Recht.

Geschichte

Zu gallo-römischen Zeiten hieß die in einem Sumpfgebiet liegende Siedlung Cadomus und führte über Jahrhunderte hinweg ein Schattendasein, ehe Wilhelm der Eroberer sie im 11. Jh. zu seiner bevorzugten Residenz machte und dort eine Burg errichten ließ. Als Papst Nicolas II nach der Heirat Wilhelms mit seiner Cousine Mathilde von Flandern die Rücknahme der Exkommunikation des Herzogs von einer Buße abhängig machte, gründete das königliche Paar zwei Klöster, die heute zu den herausragenden romanischen Bauwerken der Normandie zählen. In den beiden nachfolgenden Jahrhunderten zogen in der Stadt Herren unterschiedlicher Herkunft ein. Im Jahr 1204 besetzten die Franzosen Caen. Doch sowohl 1346 als auch 1417 bemächtigten sich die Engländer der alten Herzogsresidenz, ehe sie 1450 endgültig an Frankreich fiel. Einige Jahre zuvor, 1432, war eine Universität gegründet worden.

Im 16. Jh. forderte nicht nur eine Pestepidemie von der Bevölkerung ihren Tribut; der Beginn der Religionskriege brach mit einer Welle von Gewalt auch über diese Stadt herein. Protestanten und Katholiken plünderten und brandschatzten jeweils die Kirchen des „Glaubensfeindes“. Schwere Zeiten hatte die Stadt ebenfalls während der Französischen Revolution zu überstehen, als sie zur Fluchtburg der Girondisten wurde, die sich vor der Gewaltherrschaft der Montagnards in Sicherheit zu bringen versuchten – vergeblich, wie die Geschichte bewies.

Wie andere normannische Städte, erlitt Caen im Zweiten Weltkrieg schwere Zerstörungen, vor allem während der zweimonatigen Schlacht im Jahr 1944. Nahezu das gesamte Stadtzentrum mußte nach 1945 neu aufgebaut werden. Wie ein Wunder waren die meisten historisch bedeutenden Baudenkmäler vom Bombenhagel weitgehend verschont geblieben.

Stadtbesichtigung

Unübersehbar thront im Stadtmittelpunkt auf einer kleinen Anhöhe das **Château ❶**. Die Burg wurde im Auftrag von Wilhelm dem Eroberer im Jahr 1060 begonnen. In den nachfolgenden Jahrhunderten ließen die jeweiligen Schloßherren die Anlage aus- und umbauen sowie vergrößern, ehe im Verlauf der Französischen Revolution der Kern der Festung abgetragen wurde. Damit waren die Schicksalsstunden der wuchtigen Anlagen aber noch lange nicht vorbei. Sie schlugen vielmehr im Zweiten Weltkrieg, an dessen Ende das historische Gemäuer nur noch ein Rui-

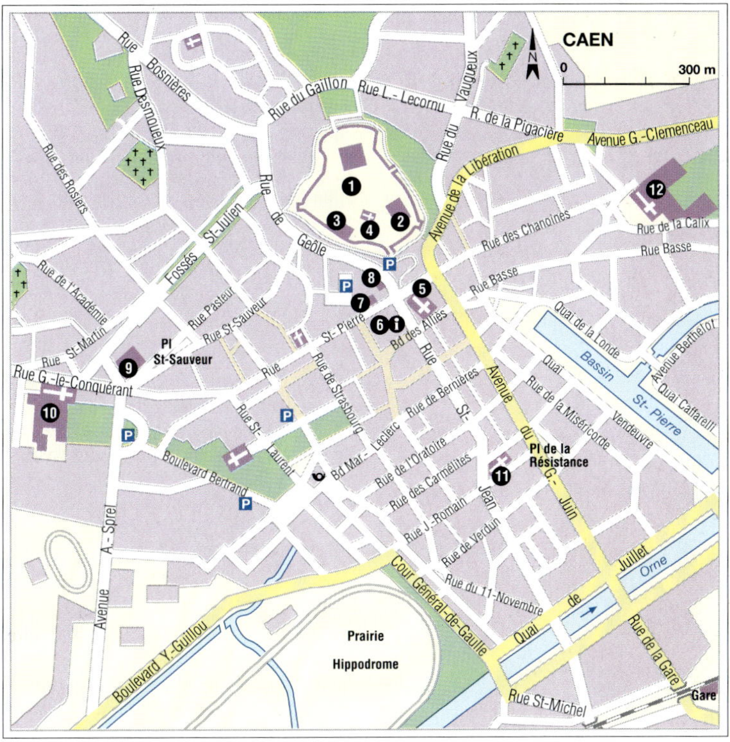

nenfeld war. Nach 1945 wiederaufgebaut, zogen in der Nachkriegszeit als neue „Hausherren“ die Kulturdezernenten der Stadt ein. Sie eröffneten zwei bedeutende Museen und machten den Ort zu einer Hochburg für Kunst und Geschichte. Im * **Musée des Beaux-Arts** ❷ hängen Werke so berühmter Künstler wie Veronese, Tintoretto, Rubens, Le Brun und Boucher. Französische und italienische Meister des 17. Jhs. sind schwerpunktmäßig am stärksten vertreten. Spezielle Sammlungen beschäftigen sich mit Malern, die sich von der Landschaft der Normandie inspirieren ließen, wie etwa Monet und Courbet. Zum Museumsbestand gehören rund 50 000 Stiche sowie eine seltene Sammlung von Fayencen aus Rouen (🕓 tgl. außer Di 10–12 und 13.30 –17, im Sommer bis 18 Uhr).

❶ Château
❷ Musée des Beaux-Arts
❸ Musée de Normandie
❹ Chapelle St-Georges
❺ St-Pierre
❻ Hôtel d'Escoville
❼ Musée de la Poste et des Techniques de Communication
❽ Hôtel des Quatrans
❾ Palais de Justice
❿ Abbaye aux Hommes
⓫ St-Jean
⓬ Abbaye aux Dames

Nicht mit Kunst, sondern mit Geschichte befaßt sich das 1963 gegründete **Musée de Normandie ❸**, das in die frühere Gouverneursresidenz innerhalb des Burgareals eingezogen ist. Auf anschauliche Weise ist die lokale Vor- und Frühgeschichte, die gallo-römische Zeit sowie die Epoche der Wikinger präsentiert. Trachten, Handwerksgeräte und Möbel gestalten den Blick in die Geschichte recht abwechslungsreich.

Die ältesten Teile der **Chapelle St-Georges ❹** datieren aus dem 12. Jh.; die Kapelle wurde aber im 15. Jh. umgebaut.

An der *Porte sur la Ville* hat man auf der Südseite der Burg Caens Innenstadt und wichtigstes Geschäftsviertel direkt vor sich. Beherrschendes Bauwerk ist

* **St-Pierre ❺**. Ohne Übertreibung darf behauptet werden, daß dieser Sakralbau zu den spätgotischen (13. und 16. Jh.) Juwelen der Normandie gehört. Seit eh und je krönt ein goldener Hahn die Spitze des 78 m hohen Turmes, der sich eigentlich nach dem Wind drehen sollte, aber wie üblich bei so exponiertem Zierwerk irgendwann festgerostet war. So weit so gut, aber in diesem Fall wird noch heute die Geschichte eines tollkühnen Jungen erzählt, der am 12. Juni 1549 barfuß auf die Turmspitze kletterte, das blecherne Federvieh abschraubte und den geölten Hahn vier Tage später wieder an seinen Platz zurückbrachte. Wiederum barfuß, versteht sich!

Im Innern der Kirche gehört die Apsis mit den Buntglasfenstern mit Abstand zu den sehenswertesten Details. Filigraner Klöppelspitze gleichen die phantastischen Steinmetzarbeiten. Schwer vorstellbar, daß das Gebäude 1944 schwer beschädigt wurde.

Wie die schönen Bürgerhäuser von Caen vor dem Krieg aussahen, läßt das historische **Hôtel d'Escoville ❻** an der *Rue St-Jean* erahnen. Den von der Renaissance beeinflußten Bau ließ sich ein reicher Geschäftsmann nach Plänen von einem italienischen Architekten errichten. Heute sind in dem Gebäude die Büros der Touristeninformation untergebracht.

Hinter einer uralten Fachwerkfassade mit geschnitzten Balken versteckt sich in der *Rue St-Pierre* (Nr. 52) das **Musée de la Poste et des Techniques de Communication ❼**. Zu sehen gibt es die teils raren Exponate aus der Zeit der Postkutschen und der Postillione, aber auch über Kommunikationssysteme wie etwa die Telegrafie läßt sich einiges erfahren.

Ein weiterer Prachtbau im Fachwerkstil ist das * **Hôtel des Quatrans ❽** an der *Rue de Geôle* (Nr. 31) mit seinen holzeingefaßten Butzenscheiben. Das dreigeschossige Haus, das im 14. Jh. begonnen wurde, besitzt einen Innenhof mit viel Atmosphäre.

Klein und gemütlich ist das Viertel rund um die **Place St-Sauveur,** mit dem Denkmal des Sonnenkönigs Louis XIV als Mittelpunkt. In der Nachbarschaft des Platzes lohnt die Kirche *St-Sauveur* eine Stippvisite. Sie stellt eine interessante Mischung der Gotik mit der Renaissance dar.

Auf dem Weg zu einer der beiden Hauptsehenswürdigkeiten dieses Stadtspaziergangs kommt man am **Palais de Justice ❾** vorbei, bevor der Blick ganz von der

** **Abbaye aux Hommes ❿** mit der Abteikirche St-Etienne (Esplanande Jean-Marie Louvel) gefangengenommen wird. Diese großartige Männerabtei muß als ein gigantisches Bußopfer gesehen werden. Sie ist das sichtbare Zeichen der Aussöhnung zwischen Wilhelm dem Eroberer und dem Papst, der den Herzog der Normandie nach dessen Heirat mit Mathilde aus der Kirche ausgeschlossen hatte (s. o.). 1077 wurde die in ihrer Nüchternheit und Strenge unübertroffene Abteikirche geweiht. Zehn Jahre später fand hier Wilhelm seine letzte Ruhestätte, nachdem er sich bei einem Sturz vom Pferd schwere Verletzungen zugezogen hatte, die zwei Monate später zu seinem Tod führten. Der Entwurf zur Gestaltung der stilreinen romanischen Westfassade stammt wahrscheinlich von Lanfranc, dem ersten Abt, der später Erzbischof von Canterbury wurde. Im 13. Jh. entstand die gotische Apsis mit ihren vier Glockentürmchen anstelle eines romanischen Vorgängerbaus sowie die Spitzen der beiden im Grundriß quadratischen Türme, die während der Religionskriege 1562 und 1563 von protestantischen Truppen zerstört, aber im darauffolgenden Jahrhundert im Originalstil wiederaufgebaut wurden. Der mittlere Glockenturm ersetzte im 17. Jh. einen 120 m hohen eingestürzten Vorgängerbau. Die Klostergebäude werden heute von der Stadtverwaltung genutzt. Für die Entwürfe zeichnete Guillaume de la Tremblaye verantwortlich, der Baumeister der Benediktinermönche von St-Maur (🕓 Führungen zu jeder vollen Stunde von 9 bis 17 Uhr).

Um zum Gegenstück der Männerabtei, der Frauenabtei, zu kommen, durchquert man die moderne Innenstadt mit ihren vielen Geschäften und kann westlich der *Place de la Résistance* der Kirche **St-Jean** ⓫ im Vorbeigehen einen Besuch abstatten. Immerhin ist sie ein gutes Beispiel spätgotischer Flamboyant-Architektur. Übrigens bekam ihr Turm seine Schieflage durch einen Erdrutsch.

Die ****Abbaye aux Dames** ⓬, Caens zweites berühmtes Kloster mit der Abteikirche *La Trinité*, liegt im Osten des Stadtzentrums an der schönen *Place de la Reine Mathilde*. Ihrer Gründung im Jahr 1062 durch Königin Mathilde liegt dieselbe Vorgeschichte zugrunde wie im Fall der Männerabtei. Nur drei Jahre nach ihrer Fertigstellung im Jahr 1080 wurde in der romanischen Kirche die verstorbene Stifterin bestattet. Beeindruckt die Männerabtei von außen durch ihren monumentalen Charakter, so wirkt die Frauenabtei viel bescheidener in ihren Dimensionen. Auch im

Während der Saison wird St-Pierre angestrahlt.

Königin Mathilde gab die Abteikirche La Trinité in Auftrag.

Innern sind die Unterschiede schon auf den ersten Blick auffällig. Während St-Etienne in dämmeriger Andacht verharrt, hat die kürzliche Restaurierung La Trinité in einen hellen Kirchenraum mit modernen Elementen wie etwa einem neuen Altar sowie roten und blauen Fenstern im romanischen Chor verwandelt, über deren Schönheit man geteilter Meinung sein kann. Ähnliche Eingriffe erwiesen sich schon nach einer Restaurierung im 19. Jh. als ein der architektonischen Harmonie abträgliches Unterfangen. Eine schwarze Marmorplatte macht im Chor das Grab der Königin Mathilde kenntlich. Das Frauenkloster existierte bis zur Französischen Revolution. Jahrzehntelang nutzte man die Gebäude danach als Lagerhallen, ehe im vergangenen Jahrhundert in den verwaisten Trakten ein Hospital eingerichtet wurde. Heute hat dort der Regionalrat der Basse Normandie seinen Verwaltungssitz (🕓 Führungen werktags um 14.30 und 16 Uhr, Sa um 10 und 11.15 Uhr).

Außerhalb des Stadtkerns liegt eine Erinnerungsstätte jüngeren Datums, das *Musée pour la Paix* (Esplanade Eisenhower), dessen Thema die Geschichte des 20. Jhs., vor allem Ursprung und Verlauf des Zweiten Weltkriegs sind.

Praktische Hinweise

ℹ Office de Tourisme, Hôtel d'Escoville, Place St-Pierre, ☎ 31 86 27 65, FAX 31 79 08 08; Calvados Tourisme, Place du Canada, F-14000 Caen, ☎ 31 86 53 30, FAX 31 79 39 41.
🚆 Linie von Paris nach Cherbourg. Die Fahrtzeit in die Hauptstadt dauert etwa zwei Stunden.
🚌 Die Linie „Bus Verts" fährt von Caen nach Ouistreham zum Fährhafen und weiter über Luc-sur-Mer nach Couseulles.
⛴ Seit 1986 verkehren Autofähren zwischen Ouistreham und Portsmouth in England.

🚌 Innerstädtische Busse; die Stadt ist aber auch an das Busnetz innerhalb und außerhalb der Region Calvados angeschlossen.

Rundfahrten: An Sommerwochenenden kann man dreistündige Führungen zu Fuß und mit einer Touristenbahn durch Caen unternehmen, Buchung im Touristenbüro (s. o.).

Im Juli/August werden jeweils Di und Fr eineinhalbstündige Abendtouren zu den bekanntesten Sehenswürdigkeiten der Stadt unternommen, Buchungen im Touristenbüro.

Ⓗ Hotels

Relais des Gourmets, 13–15, rue de Geôle, ☎ 31 86 06 01, FAX 31 39 06 00, vornehmste Nobelherberge der Stadt neben der alten Burg. $$$
Malherbe, Place Foch, ☎ 31 84 40 06, FAX 31 27 57 58, am Südrand des Stadtzentrums bei der Pferdebahn gelegen. $$$
Hôtel de France, 10, rue de la Gare, ☎ 31 52 16 99, FAX 31 83 23 16, mit besonderen Einrichtungen für Behinderte. $$
Quatrans, 17, rue Gemare, ☎ 31 86 25 57, FAX 31 85 27 80, zentral in einer Nebenstraße gelegen. $
Central, 23, place J.-Letellier, ☎ 31 86 18 52, FAX 31 86 88 11, unweit des Fremdenverkehrsbüros im Stadtzentrum. $

⛺ **Camping Municipal,** ☎ 31 73 60 92.

Ⓡ Restaurants

Le Dauphin, 29, rue Gemare, ☎ 31 86 22 26, FAX 31 86 35 14, man speist in einem gepflegt ausgestatteten ehemaligen Kloster; fast logisch, daß die Preise mehr als unbescheiden sind. $$
La Bourride, 15, rue du Vaugueux, ☎ 31 93 50 76, FAX 31 93 29 63, eine Spezialität heißt „Symphonie um einen Apfel" – so wohlklingend wie die Namen, so wohlschmeckend die Küchenkreationen. $$

* Evreux

Stündlich schlagen die beiden kleinen Sturmglocken im Beffroi.

Der Charme der Vergangenheit

Am Ufer des Iton schnattern Enten im Schatten der hohen Bäume, zwischen denen eine kleine Brücke den Wasserlauf in einem hübschen Bogen überspannt. An der Böschung haben Fleißige Lieschen einen rotweiß gemusterten Teppich ausgebreitet. Fehlt nur noch der Rahmen um das Bild und die Signatur, und man könnte glauben, Claude Monet habe es mit ein paar flüchtigen Pinselstrichen auf ein Stück Leinwand gemalt. Nein, nicht alles in Evreux sieht so idyllisch aus wie diese Flußszene. Dazu haben schicksalschwere Jahrhunderte der knapp 50 000 Einwohner zählenden Hauptstadt des Département Eure zu sehr zugesetzt. Aber vielerorts kommen einem spontan impressionistische Skizzenblätter in den Sinn, wenn sich altes Gemäuer im Wasser spiegelt.

Zentrum der Altstadt ist die stolze Cathédrale Notre-Dame.

Stadtgeschichte

Wie ein roter Faden ziehen sich Krieg und Zerstörung durch die Geschichte von Evreux. Schon in vorchristlicher Zeit eine Siedlung des keltischen Stammes der Eburonen, fiel die von den Römern gegründete Stadt im 5. Jh. den Vandalen zum Opfer, ehe die Wikinger sie nach dem Wiederaufbau im 9. Jh. trotz wehrhafter Stadtmauern in Schutt und Asche legten. 1119 ließ der englische König Henry I das aus Holz erbaute Stadtzentrum brandschatzen; und

Chor der Abbaye aux Hommes in Caen.

1193 statuierte der französische Monarch Philippe II Auguste ein grausiges Exempel: In Abwesenheit von Richard Löwenherz hatte sich sein Bruder Jean Sans-Terre (Johann Ohneland) der Herrschaft über die Normandie bemächtigt und Evreux an Frankreich verkauft. Durch diesen Handel von Reue geplagt, ließ er die bis dahin eingerückten französischen Soldaten samt ihren Führern ermorden. Die Vergeltung für diesen Verrat mußten die Bürger von Evreux bezahlen: Philippe II Auguste ordnete die Zerstörung ihrer Stadt an. Auch im Hundertjährigen Krieg wiederholte sich der tragische Kreislauf von Wiederaufbau und Verheerung. Einen Endpunkt setzte dann noch der Zweite Weltkrieg mit schweren Bombenangriffen, die viele Gebäude für immer aus dem Stadtplan tilgten.

Stadtbesichtigung

Im Mittelalter grenzten trutzige Befestigungsmauern die Stadt Evreux ein; in der Nachkriegszeit legte der wirtschaftliche Aufschwung einen anderen Ring um das Gemeinwesen, der aus Druckereien, pharmazeutischen Laboratorien, Elektronikfirmen und Dienstleistungsbetrieben besteht. Im Zentrum jedoch ist manches beim alten geblieben. Ein Beispiel dafür ist das stolze Bauwerk der **Cathédrale Notre-Dame ❶**, das viel von seinem Reiz seiner durch Nischen, Absätze und Pfeiler strukturierten Westfassade im Stil der Renaissance sowie seinen ungleichen Türmen verdankt, die man gut von der *Promenade du Miroir d'Eau* aus sieht.

Ancien Palais Episcopal ❷. Der Alte Bischofspalast steht auf historischem Boden, denn schon im 3. Jh. beschützten an dieser Stelle römische Befestigungsanlagen die Stadt. Ihre Spuren sind innerhalb des Palais im *Musée d'Evreux* zu sehen. Wertvollstes Stück der archäologischen Sammlungen ist die Figur eines Jupiter aus dem ersten vorchristlichen Jahrhundert.

Das zentrale Geschäftsviertel mit Kaufhäusern, aber auch vielen kleinen Läden zieht sich an der *Rue du Dr.-Oursel* und den umliegenden Nebenstraßen entlang. Ganz in der Nähe hält seit dem ausgehenden 15. Jh. der **Beffroi ❸**, ein Glockenturm, Wache über den Stadtkern. Im Grunde genommen besteht das 44 m hohe anmutig wirkende Gebäude aus zwei aneinandergebauten Türmen, von denen jeder eine eigene Spitze besitzt. In der höheren hängen eine 2 t schwere und fast 600 Jahre alte Sturmglocke sowie zwei kleinere Glocken, die stündlich schlagen. Ein kleiner, von Maßwerk verzierter Umgang führt um die offene Turmspitze, deren hölzerne Konstruktion mit Dekorationen aus Blei geschmückt ist. Am Spätnachmittag fällt ihr langer Schatten bis zum **Hôtel de Ville ❹** und dem benachbarten **Théâtre Municipal ❺**.

Als die Normandie in spät- und nachrömischer Zeit christianisiert wurde, ließ sich in Evreux der spätere hl. Taurin nieder, der erster Bischof der Stadt. Dort, wo man ihn zur letzten Ruhe bettete, mauerten die Baumeister der Stadt im 14. Jh. die Kirche **St-Taurin ❻** hoch, in der das kunsthistorisch geübte Auge Relikte von Vorgängerbauten aus dem 10. bis 12. Jh. erkennt (etwa die Nordpfeiler des Schiffes). Bedeutender Schatz der Kirche ist ein Reliquienschrein mit Darstellungen aus dem Leben und Schaffen des Heiligen. Das glitzernde Kunstwerk in Form einer etwa 1,20 m hohen und einen Meter breiten Miniaturkirche ist ein Beweis vollendeter französischer Gold- und Silberschmiedekunst des 13. Jhs.

Ancien Couvent des Capucins ❼. Im ehemaligen Kapuzinerkloster (17. Jh.) schlug sich handwerkliches Können vor allem in der Architektur eines formvollendeten Kreuzganges nieder. An diesem stillen Ort kann man sich gut vorstellen, wie früher Mönche des Klosters durch den schönen Garten schlenderten, um Küchen- und Heilkräuter zu zupfen, bis sie von der Glocke zum Gebet gerufen wurden.

Praktische Hinweise

ℹ Office de Tourisme, Place du Général-de-Gaulle, F-27000 Evreux, ☎ 32 24 04 43.
🚆 Strecke Paris (Gare St-Lazare) nach Cherbourg.

Ⓗ **Mercure,** Bd de Normandie, ☎ 32 38 77 77, ℻ 32 39 04 53, vornehmstes Haus am Platz. $$
Normandy, 31, rue Eduard-Féray, ☎ 32 33 14 40, ℻ 32 31 24 74, bequem. $
Ⓡ **Hôtel-Restaurant de France,** 29, rue St-Thomas, ☎ 32 39 09 25, bestes Lokal der Stadt mit Garten. $

1. Cathédrale Notre-Dame
2. Ancien Palais Episcopal
3. Beffroi
4. Hôtel de Ville
5. Théâtre Municipal
6. St-Taurin
7. Ancien Couvent des Capucins

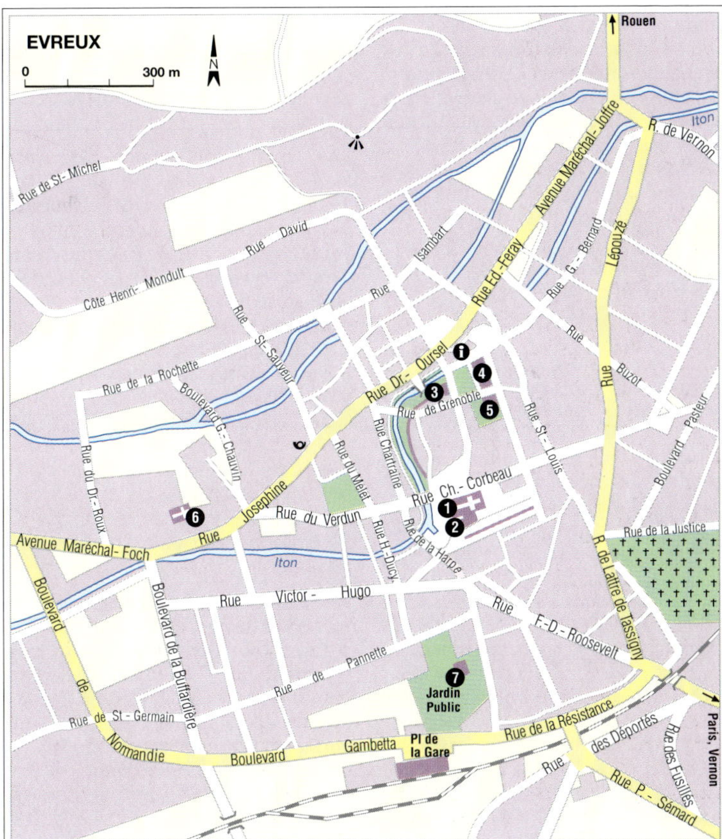

Route 1

Die steinernen Wunder der Abteienstraße

Von Rouen nach Le Havre (110 km)

Von Rouen zum Atlantik bahnt sich die Seine ihren Weg an weißen Kalksteinklippen, bewaldeten Hügeln und ländlichen Ortschaften vorbei zum Meer. Schon in vorchristlicher Keltenzeit wurde der Fluß als wichtiger Transportweg genutzt, und daran hat sich bis heute nichts geändert. Zu Beginn der modernen Zeitrechnung gründeten die Römer an seinen Ufern ihre produktiven landwirtschaftlichen Güter sowie beachtliche Städte wie z. B. Juliobona, das heutige Lillebonne (s. weiter unten). Später folgten mit Beginn der Christianisierung die Mönche, die ab dem 7. Jh. Klöster aufbauten und eine Epoche des wirtschaftlichen Aufschwungs in Verbindung mit einer kulturellen Blütezeit einleiteten.

* **Abbaye St-Georges-de-Boscherville.** Archäologen fanden heraus, daß an Ort und Stelle schon Vorgängerbauten, darunter mehrere heidnische Tempel, standen. Um die Mitte des 11. Jhs. entschloß sich Raoul de Tancarville, Kämmerer von Wilhelm dem Eroberer, an dieser Stelle ein Kloster zu stiften, das ab 1114 von Benediktinern geführt wurde. Die Abteikirche, ein wahres Juwel, wurde 1125 fertiggestellt. Sie ist eines der stilreinsten Beispiele romanischer Baukunst. Das Dach allerdings stammt aus dem 13. Jh. Vom Klostergarten aus bietet sich der schönste Blick auf den wehrhaften grauen Steinquaderbau mit dem mächtigen, spitzen Vierungsturm. Ein weiteres architektonisches Kunstwerk ist der Kapitelsaal. Die Säulen des Arkadengangs sind zwar stark verwittert, die für die gesamte Normandie einzigartige Meisterschaft des Figurenschmucks ist aber dennoch zu erkennen. Zwischen Obstgärten und Wiesen stehen die Ruinen der ** **Abbaye de Jumièges,** eines der herausragenden Baudenkmäler der Normandie. Relativ gut erhalten ist die gewaltige Westfassade der ehemaligen Abteikirche Notre-Dame, die zwischen 1040 und 1067 erbaut und in Gegenwart von Wilhelm dem Eroberer geweiht wurde. Wie so oft unterlag auch dieser großartige Sakralbau vor allem während des 12. und 13. Jhs. diversen, vom jeweiligen Zeitgeist geprägten architektonischen Eingriffen. Auffallende Beispiele hierfür sind die beiden flankierenden Fassadentürme. Sie streben über einem quadratischen Grundriß 43 m in die Höhe und enden im oberen Teil auf ungewöhnliche Weise in einer achteckigen Konstruktion.

Als Gründer des Klosters wird der hl. Philibert genannt, der zur Zeit der Merowinger um das Jahr 654 lebte. Um 841 wurde die Anlage von den Wikingern geplündert und gebrandschatzt. Erst 940 kehrten die ersten Mönche wieder nach Jumièges zurück. Innerhalb von rund 70 Jahren waren die Gebäudekomplexe der Klosteranlage in ihrer ehemaligen Größe wiederaufgebaut. Darüber hinaus gelang es der Abtei, ihren wirtschaftlichen und politischen Einfluß in der Gegend zu steigern. Als sichtbares Zeichen dieses Machtzuwachses müssen der damalige Neubau der *Abteikirche* sowie die Vergrößerung der *Eglise St-Pierre* um zwei weitere Schiffe gesehen werden.

Während dieser Blütezeit lebten nahezu 1000 Mönche und 1500 Laienbrüder im Kloster, das ausgedehnte Ländereien besaß. Die beiden Kirchen von Jumièges sind durch die *Passage Charles VII* miteinander verbunden, die noch vor der romanischen Epoche in karolingischer Zeit entstand. Die Namensgebung des Torbogens bezieht sich nicht ohne Grund auf den französischen König Charles VII (1403–1461), den es immer wieder in die Arme seiner Geliebten Agnès Sorel zog. Die „Maîtresse en titre", so der offizielle Titel aller einflußreichen Mätressen bei Hofe, lebte in der Nähe von Jumièges.

Wenige Jahre vor der Gründung von Jumièges legte ein ehemaliger Würdenträger am Hofe Dagoberts den Grundstein für die *Abbaye Notre-Dame-de-Fontenelle* im heutigen **St-Wandrille-Rançon** (1500 Einw.). Wandregesile bzw. Saint-Wandrille war der Name des Mannes, der sich 629 als 30jähriger entschloß, sein höfisches Leben mit der Mönchskutte zu vertauschen. Rund 200 Jahre später, im Jahr 858, segelten die Wikinger mit ihren Drachenbooten die Seine hinauf und zerstörten die Anlage. Nach seinem Wiederaufbau entwickelte sich das Kloster nun unter dem neuen Namen * **St-Wandrille** zu einem religiösen und geistigen Zentrum, dessen Blüte bereits mit den Religionskriegen, danach aber endgültig mit der Französischen Revolution verwelkte. Erst 1931 zogen wieder Benediktinerbrüder auf Dauer ein. Von den ursprünglichen Gebäuden blieb nichts erhalten. Die Abtei ist in Gebäuden aus dem 14. bis 18. Jh. untergebracht. Bei Führungen (🕓 ganzjährig Mo–Sa 15–16, So 11.30 Uhr) wird der große Innenhof gezeigt, den man durch die im 18. Jh. vom damaligen Bischof von Orléans erbaute *Porte de Jarente* betritt. Die einstige gotische Abteikirche ist bis auf einen Querschiffflügel und die Kreuzganggalerien größtenteils verfallen.

Caudebec-en-Caux (2500 Einw.). Das Städtchen am rechten Ufer der Seine bietet sich für einen Zwischenstopp an. Dort ist mit der Kirche **Notre-Dame* eine Meisterleistung der spätgotischen Baukunst zu bewundern. Das Gebäude wird durch einen Turm in Form einer steinernen Tiara gekrönt. Lebendig wird es in dem gemütlichen Ort allwöchentlich am Samstag, wenn Bauern und Händler auf der *Place du Marché* im Schatten der Kirche ihre Stände aufschlagen.

Die romanische Abtei St-Georges-de-Boscherville.

Die beeindruckende Ruine des Klosters Jumièges.

Die Abtei St-Wandrille war einst geistiges Zentrum der Gegend.

ROUTEN 1-6
0
20 km
N
Côte d'Albâtre
Fécamp
Etretat
Cap d'Antifer
Goaeville
Château de Filières
Octeville-s.-Mer
Bolbec
Harfleur
Lillebonne
Villequier
Le Havre
Notre-Dame-de-Gravenchon
Baie de la Seine
Côte de Grâce
Honfleur
Trouville-sur-Mer
Deauville
Villers-s.-Mer
Côte Fleurie
Cabourg
Houlgate
Dives-s.-Mer
Merville-Franceville
Pont-Audemer
Appeville-Annebault
Cormeilles
Risle
Seine
Caen
Rumesnil
Lisieux
Crèvecœr-en-Auge
Bernay
St-Pierre-s.-Dives
Livarot
Touques
Vimoutiers
Camembert
Cany-Barville
Fauville-en-Caux
1
2
5
6

Mers-les-Bains
Le Tréport
Eu
Amiens
Côte d'Albâtre
Blangy-s.-Bresle
Neuville
Dieppe
Varengeville-s.-Mer
Veules-les-Roses
Bresle
Eaulne
Londinières
Torcy
Béthune
Mesnières-en-Bray
Aumale
Neufchâtel-en-Bray
Nesle-Hodeng
Les Hayons
Yerville
Mesnil-Mauger
St-Martin-Omonville
Yvetot
Forges-les-Eaux
St-Samson
Buchy
Caudebec-en-Caux
Barentin
St-Wandrille-Rançon
Gournay-en-Bray
Mortainville
Vascœuil
Rouen
La Feuillie
Jumièges
St-Martin-des B.
Lyons-la-Forêt
Abbaye de Mortemer
Epte
Ecouis
Gisors
Elbeuf
Les Andelys
Les Thilliers
Seine
St-Claire-sur-Epte
Louviers
Magny
Le Neubourg
Gaillon
Beaumont-le-Roger
Vernon
Giverny
Epte
Eure
Evreux
Mantes
Iton
Paris
Risle
Conches-en-Ouche

🛈 Syndicat d'Initiative, F-76490 Caudebec-en-Caux, Mairie, ☏ 35 96 11 12 oder 35 96 20 64.

Ⓗ **FF Normotel-La Marine,** Quai Guilbaud, ☏ 35 96 20 11, FAX 35 56 54 40, angenehmes Haus in schöner Lage. ($)
Normandie, 19, quai Guilbaud, ☏ 35 96 25 11, FAX 35 96 68 15, kleines, familiär wirkendes Hotel. ($)
Le Cheval Blanc, 4, place René City, ☏ 35 96 21 66, FAX 35 95 35 40, sehr einfache, preisgünstige Unterkunft. ($)
Ⓡ **La Bergerie,** St-Arnoult, 3 km westlich von Caudebec-en-Caux, Route de la Bergerie, ☏ und FAX 35 56 75 84, Spezialitäten dieses Landgasthofs sind u. a. Hühnchen in Cidre und Ente mit grünem Pfeffer. ($)

Villequier (900 Einw.) wurde durch Victor Hugo zu einer Attraktion auf der touristischen Landkarte. Am Ufer der Seine steht das Anwesen der Familie Vacquerie. Der Sohn des Hauses war mit Victor Hugos Tochter Léopoldine verheiratet. Bei einem der zahlreichen Besuche des jungen Paares kenterte ihr Ausflugsboot auf der Seine, und die Jungvermählten ertranken. Für den berühmten Dichter war der Tod seiner Tochter ein schwerer Schicksalsschlag und in der Folgezeit ein wichtiges Thema in seinem literarischen Schaffen. Im Haus der Vacqueries ist das *Musée Victor-Hugo* eingerichtet, in dem viele Gegenstände aus dem persönlichen Besitz Viktor Hugos zu besichtigen sind.

Lillebonne (10 000 Einw.) erlangte als Binnenhafen der Römer große Bedeutung. Wilhelm der Eroberer ließ im 11. Jh. eine Burg errichten, von der lediglich der mächtige, 34 m hohe Burgkern die Zeiten überdauerte. Im Musée des Arts et Traditions Populaires (7, rue Victor-Hugo) oder im Café de l'Hôtel de Ville kann man den Schlüssel für Lillebonnes bedeutendste Sehenswürdigkeit ausleihen, das in den ersten beiden nachchristlichen Jahrhunderten erbaute **Amphitheater*, das bis heute nicht vollständig archäologisch erforscht wurde.

Route 2

Abenteuer Alabasterküste

Von Le Havre nach Le Tréport (150 km)

Das landschaftlich spektakulärste Teilstück der gesamten normannischen Küste ist zweifellos die Côte d'Albâtre zwischen Le Havre und Le Tréport im Département Seine-Maritime. Seit Urzeiten donnert die Brandung gegen das steile Kalkplateau, haben Winterstürme und Riesenbrecher turmhohe Steilabbrüche und bizarre Felsformationen ausgewaschen und einen Klippensaum aus alabasterweißen Kreidefelsen entstehen lassen. Nur in der Nähe einer Flußmündung ist Platz für Fischerdörfer mit einer Handvoll Häuser oder winzigen Städtchen. Kilometerlang ziehen sich die groben Kieselstrände hin – vom Meer geschaffene Abenteuerspielplätze mit muschelbesetzten Felsen, winzigen Gezeitenpools mit Treibholz und Seetang. Hoch über den Klippen bürstet der frische Wind die offenen Weiden, über denen die Seemöwen ihre Luftakrobatik vollführen.

Cap d'Antifer. Daß die Stichstraße dorthin so gut ausgebaut ist, hat nichts damit zu tun, daß dieser Winkel zum Traumziel aller Windsurfer in der Normandie zählt und dort vom Frühjahr bis zum Herbst die Bucht mit bunten Segeln gespickt ist. Des Rätsels Lösung: Mitte der siebziger Jahre wurde ein neuer Tiefseehafen für jene Supertanker angelegt, die aufgrund ihres Tiefgangs in Le Havre nicht mehr festmachen konnten.

** **Etretat** (1500 Einw.) liegt eingeklemmt zwischen steilen Klippen und führt seit langem das Dasein eines renommierten Urlaubsorts. Schon die

Römer kannten diesen Küstenabschnitt, den sie von Lillebonne (s. S. 52) aus über eine ausgebaute Straße erreichten. Leider vernichtete eine gewaltige Springflut im 8. Jh. die Reste der gallo-römischen Besiedlungen.

Die Felsen von Etretat.

Außerhalb der Hauptsaison führt man in Etretat das ruhige Leben eines Provinzlers, aber im Hochsommer lockt die sehenswerte Umgebung an schönen Wochenenden Tausende in das Städtchen. In großstädtischer Manier wird es dann vom Verkehrsinfarkt geschüttelt, die Touristenmassen aus dem In- und Ausland vermag es kaum mehr zu bewältigen.

Die wenigen Sehenswürdigkeiten sind schnell aufgezählt: Entlang der geschwungenen Bucht zieht sich die *Promenade,* von der aus der Blick über die schroffen Steilküsten zu beiden Seiten des Hafens geht.

An der *Place du Maréchal-Foch,* wo jeden Donnerstag der Wochenmarkt stattfindet, ließen die Stadtväter eben-

Falaise d'Aval und Falaise d'Amont

Wer Etretat besucht, kommt normalerweise nicht wegen der spärlichen kulturhistorischen Sehenswürdigkeiten, sondern wegen der Naturszenerie, die sich im Rahmen von drei Wanderungen erschöpfend kennenlernen läßt: Bei Ebbe empfiehlt sich der Spaziergang zum westlichen Ende der Promenade. Von dort geht es hinab über den steilen Kiesstrand zur riesigen Höhle, die schon von weitem zu sehen ist. Vorsicht ist jedoch geboten: So faszinierend die bizarr aufragenden Felsen auch sein mögen, sind sie doch recht gefährlich: Algen und Seegras machen das nur bei Niedrigwasser frei liegende Terrain sehr schlüpfrig. Am Weg liegen Austernbänke, die schon vor der Französischen Revolution angelegt wurden. Über eine Eisenleiter klettert man zu einem etwa 60 m langen Stollen hinauf, der sich an seinem Ende zur ** *Falaise d'Aval* hin an einem einsamen Kieselstrand mit unvergleichlicher Aussicht öffnet.

Der zweite Wanderweg führt in die gleiche Richtung, verläuft jedoch über dem Steilufer die Felskante entlang.

Östlich des Hafens beginnt der dritte Wanderweg auf die ** *Falaise d'Amont* hinauf, die von der Kirche Notre-Dame-de-la-Garde gekrönt wird. Der Blick über Stadt und Steilküste verspricht bei entsprechender Sicht ein großartiges Naturschauspiel. Ein Denkmal und ein kleines Museum erinnern an die beiden französischen Luftfahrtpioniere Charles Nungesser und François Coli (s. S. 13), die 1927 ihren Versuch, den Atlantik zu überqueren, mit dem Leben bezahlen mußten.

so wie in Dives-sur-Mer eine mittelalterliche *Markthalle* aus groben Balken rekonstruieren. Leider dient sie nicht mehr ihrem ursprünglichen Zweck, seitdem Souvenirgeschäfte und Boutiquen sie in Beschlag genommen haben.

ℹ Office de Tourisme, Place Maurice-Guillard, F-76790 Etretat,
☎ 35 29 96 73, FAX 35 29 39 79.
Die am nächsten gelegene Station ist Fécamp.
Etretat liegt an der Strecke von Le Havre nach Dieppe.

Hotels
Le Donjon, Chemin de St-Clair,
☎ 35 27 08 23, FAX 35 29 92 24, Herrenhaus hoch auf den Klippen mit schöner Aussicht. $$$
Dormy House, 40, route du Havre,
☎ 35 27 07 88, FAX 35 29 86 19, die Steilküste und das Meer liegen im Blickfeld. $$$
Les Falaises, 1, bd du Coty,
☎ 35 27 02 77, mitten im Ortszentrum gelegen. $$
Normandie, Place du Maréchal-Foch,
☎ 35 27 06 99, kleines Hotel, in dem auch preiswerte Mahlzeiten serviert werden. $$
Poste, 6, av. George V,
☎ 35 27 01 34, FAX 35 27 76 28, preiswerte Zimmer und Menüs. $

Restaurants
Obwohl Etretat zu den sehr bekannten Reisezielen in der Normandie gehört, ist das Angebot an guten Restaurants eher dürftig.
Le Donjon, Chemin de St-Clair,
☎ 335 27 08 23, FAX 335 29 92 24, vom Speisesaal hat man einen unvergleichlichen Blick auf die Steilküste.
Les Roches Blanches, Terrasse Boudin,
☎ 3335 27 07 34, typisch normannische Küche.

In Richtung Fécamp verläuft die Nebenstraße über **Bénouville.** Wanderer sollten spätestens jetzt ihr Auto parken und den Weg über kurzgeschorene Weiden zur etwa 1,5 km entfernten Küste zu Fuß gehen. Ein wahres Abenteuer verspricht der Abstieg zum geheimnisumwitterten Strand von **Valleuse du Curé** über eine Treppe. Auch **Vaucottes** und **Yport** sind kleine Badeorte mit Kieselstränden, von denen vor allem der letztere mit seinen vielen farbenfroh gestrichenen Booten ein malerisches Bild abgibt. Daß an dieser Stelle schon die Karthager siedelten, läßt sich nicht eindeutig nachweisen, auch wenn die Spuren menschlicher Behausungen bis weit vor unsere Zeitrechnung zurückreichen. Parallelen zu dieser Entstehungsgeschichte weist das Hafenstädtchen

* **Fécamp** (20 800 Einw.) auf, wo ebenfalls schon in vorchristlicher Zeit keltische Stämme ihre Siedlungen über der Steilküste errichteten, ehe die Region unter römischen Einfluß kam. Bereits im 7. Jh. existierte ein Kloster, in dem die Reliquie des heiligen Blutes Christi aufbewahrt wurde. Wiederum ist es eine Legende, die sich um die Auffindung der Reliquie rankt. Angeblich soll das Behältnis mit den Blutstropfen in einem Feigenstamm versteckt an Land geschwemmt worden sein. In der Folgezeit entwickelte sich der Ort dann zu einem bekannten Pilgerziel. Nachdem die Anlage von den Wikingern zerstört worden war, entstand sie im 10. Jh. auf Betreiben von Herzog Richard I neu und konnte unter dem Namen St-Trinité eingeweiht werden. Zu Beginn des 11. Jhs. drängte der damalige Herzog der Normandie, Richard II, den bedeutenden Klosterreformator Guillaume de Volpiano, die Leitung des Klosters zu übernehmen, das daraufhin zu einem geistlich-kulturellen Zentrum heranwuchs.

Die Kirche ** *St-Trinité* mit dem 64 m hohen Vierungsturm erlebte seit Richard I zahlreiche bauliche Veränderungen. Der romanische Sakralbau beeindruckt durch seine bloße Dimension; mit 128 m Länge gehört er zu den größten in ganz Frankreich. In schwindelerregender Höhe befindet sich die Laterne über der Vierung. Die Reliquie wird in der Marienkapelle in einem

daß sogar das Baumaterial zum Teil aus Italien herangeschafft werden mußte. Im Innenhof steht das größte Taubenhaus Frankreichs. Die verschiedenfarbigen Ziegel dieses Rundbaus wurden zu geometrischen Mustern vermauert. Im nahen 10 ha großen * *Parc Floral Le Bois des Moutiers* (🕓 Ostern bis Allerheiligen tgl. 10–12 und 14–18 Uhr) gedeihen auf siliziumhaltigem Boden Atlaszedern und Eichen, farbenprächtige Magnolien und Kamelien sowie Azaleen- und Rhododendronbüsche. Nicht nur wegen der schönen Aussicht ist die romanische Kirche *St-Valéry* hoch über den Steilklippen ein beliebtes Ausflugsziel, sondern auch wegen der drei Künstler, die auf dem kleinen Friedhof beigesetzt wurden: Es sind dies der Maler Georges Braque (1882–1963), der Literat Georges de Porto-Riche (1894–1930) sowie der Komponist Albert Roussel (1869–1937).

Das größte Taubenhaus Frankreichs steht im Manoir d'Ango.

Pourville an der Mündung des Flüßchens Scie ist die letzte Ortschaft vor dem Hafenstädtchen Dieppe (s. S. 32). In der Hauptsaison macht der Ort dem Beinamen „21. Arrondissement von Paris" alle Ehre, weil viele Großstädter zur Sommerfrische hierher reisen. Mag sein, daß dabei die ehemalige Reputation des Küstenfleckens als Künstlerenklave eine Rolle spielt: Maler wie Auguste Renoir und Claude Monet bauten hier ihre Staffeleien auf.

Das Grab von Georges Braques in Varengeville-sur-Mer.

Puys, heute ein bescheidener Küstenort nordöstlich von Dieppe, war im 19. Jh ebenfalls Treffpunkt berühmter Künstler, die sich im Haus des Schriftstellers Alexandre Dumas (1824–1895) trafen, wo dessen Vater, der Verfasser des Romans „Der Graf von Monte Christo" 1870 starb. Zu den illustren Besuchern zählte u. a. der Komponist C. Debussy, der dort zwei Sommer verbrachte.

Auf eine „Künstlervergangenheit" kann auch **Berneval-le-Grand** verweisen.

Vom klaren Licht ließ sich der Maler Auguste Renoir zu seinen transparenten Bildern inspirieren. Und der englische Schriftsteller Oscar Wilde suchte hier Zuflucht, nachdem er 1895 in England wegen seiner homosexuellen Veranlagung zu zwei Jahren Gefängnis verurteilt worden war.

Der Endpunkt der Alabasterküste wird durch den Fluß Bresle markiert. **Le Tréport** (6300 Einw.) teilt sich das Hafenbecken mit der Nachbargemeinde **Mers-les-Bains,** die bereits außerhalb der Normandie liegt und von der sich ein schöner Panoramablick öffnet. Über ihren Ziegeldächern erhebt sich der * *Calvaire des Terrasses,* ein weiterer exponierter Aussichtspunkt unmittelbar am Abbruch der Kreidefelsen. Die Masse der Besucher würdigt die spärlich gesäten kunsthistorisch interessanten Sehenswürdigkeiten allerdings kaum eines Blicks, sie wird einzig und allein von dem herrlichen Strand unterhalb der hoch aufragenden Klippen angelockt.

3

Office de Tourisme, Esplanade de la Plage Louis-Aragon, F-76470 Le Tréport, ☏ 35 86 05 69.

Endstation der Bahnlinie von Paris.
Verbindung nach Dieppe.

Hotels
Picardie, Place de la Gare, ☏ 35 86 02 22, nur bescheidener Komfort. ($)
Le Rex, 50, quai François I, ☏ 35 86 26 55, niedrige Preise. ($)
Casino de la Plage, 15, esplanade de la Plage, ☏ 35 86 06 70, Fax 35 50 27 04, an der Strandpromenade gelegen. ($)

Restaurants
La Vieille Ferme, in Criel-sur-Mer, ☏ 35 86 72 18, Fax 35 86 12 67, malerischer Bauernhof aus dem Jahr 1734, normannische Küche. ($)
Le Homard Bleu, 45, quai François I, ☏ 35 86 15 89, Fax 35 86 49 21, solide Küche zu reellen Preisen. ($)

Route 3

Schnuppertour durchs Käseland Pays de Bray

Von Le Tréport durch das Pays de Bray nach Gisors (120 km)

Was Cidre und Apfelschnaps für die Region Calvados bedeuten, machen im Pays de Bray weniger hochprozentige Elixiere aus, nämlich Wasser und Milch. Frische Quellen speisen Bäche und Flüsse, lassen in Tälern und Senken dichte Laubwälder grünen. Zudem versorgen sie die Kuranlagen von Forges-les-Eaux mit mineralreichem Badewasser, in dem sich schon König Louis XII, Königin Anne d'Autriche und Kardinal Richelieu entspannten. Außerhalb der Kleinstädte und Dörfer hat sich zwischen sattgrünen Wiesen und Weiden das Gesicht des Pays de Bray wohl nicht wesentlich geändert, seit der Zeit als die Monarchen und Kirchenfürsten zum Wassertreten kutschierten. Schon lange ist das Pays de Bray, in einer Senke zwischen den benachbarten Hochebenen der Picardie, des Pays de Caux und des Vexin gelegen, der „malerische Bauernhof" des Großraums Paris.

* **Eu** (8000 Einw.) liegt auf wahrhaft historischem Boden. Rollo, der erste Herzog der Normandie, starb hier im Jahr 932. Und als Wilhelm der Eroberer 1050 seine Cousine Mathilde von Flandern ehelichte, wählte das Paar Eu als Schauplatz des historischen Ereignisses. So erinnert denn auch die Inschrift auf dem groben Felsbrocken auf der *Place Guillaume-le-Conquérant* an diese Hochzeit. Wenige Schritte entfernt stand seinerzeit die Burg Wilhelms, in der die Feierlichkeiten stattfanden.

Den einstigen Standort der Festung nimmt heute das *Château* ein, dessen

Bau in der zweiten Hälfte des 16. Jhs. begonnen wurde. Dieses Renaissanceschloß wurde spä-ter die erklärte Lieblingsresidenz des Königs Louis-Philippe. In einigen Räumen, die in der Vergangenheit durch ein Feuer zerstört wurden, ist das Musée Louis-Philippe untergebracht. Das Interieur besteht aus Gemälden alter Meister und zeitgenössischem Mobiliar.

Dem Schloß gegenüber steht * *Notre-Dame-et-St-Laurent*, ein Sakralbau des 12. und 13. Jhs., der im 19. Jh. umfassend restauriert wurde. Im dreischiffigen Innern mit einem in Arkaden, Triforium und Obergaden aufgeteilten Langhaus zeigt sich die Kirche als typisches Beispiel frühgotischer Architektur. Im Chorumgang entstanden zahlreiche mit Skulpturen ausgeschmuckte Kapellen, wodurch der Überbau aus statischen Gründen durch ein ganzes Geflecht von Strebebogen abgesichert werden mußte. An der Rückseite des Altars wurde der hl. Lawrence O'Toole, er starb 1181 in Eu, beigesetzt.

Bewacht wird die Krypta von den in Stein gehauenen Herzögen von Artois.

*** Château de Mesnières-en-Bray**
(🕓 1. April bis 1. Nov. Sa/So 14–18 Uhr). Der von einem großen Park umgebene Repräsentationsbau, den sich Louis XV errichten ließ, wirkt mit seinen spitzen Rundtürmen zu beiden Seiten der Eingangstreppe wie eine Kombination aus wehrhafter Burg und verspieltem Lustschloß. Auch im Innern gibt sich der Feudalbau, heute Internat, als architektonisches Hauptwerk dieser Gattung im Pays de Bray zu erkennen. Prunkstücke der Raumfluchten sind die Salle des Cartes mit Gemälden aus dem 17. Jh., welche nicht auf Leinwand, sondern auf Holz gemalt sind, sowie eine im 16. Jh. und eine im 19. Jh. erbaute Kapelle, wobei die ältere mit kunstvoll geschnitzten Holzstatuen dekoriert ist. Sie stellen Christus, Johannes den Täufer und die vier Evangelisten, Matthäus, Markus, Lukas und Johannes, dar.

In Eu heiratete Wilhelm der Eroberer seine Cousine Mathilde von Flandern.

Interieur des Schlosses von Eu.

Frühgotische Architektur: Notre-Dame-et-St-Laurent in Eu.

Glasbläserei

Im Tal der Bresle hat die Glasfabrikation eine lange Tradition. In Blangy-sur-Bresle verspricht die Verrerie Waltersperger (Avenue de la Gare, Besichtigung nach Anmeldung beim Syndicat d'Initiative, ☎ 35 93 52 48) eine interessante Stippvisite. Den Glasbläsern kann bei ihrer schweißtreibenden Arbeit am Brennofen zugesehen werden.

Neufchâtel-en-Bray (5400 Einw.) wurde 1940 schwer zerstört. Von der historischen Bausubstanz sind also nur noch spärliche Reste vorhanden. Die in ihren ältesten Teilen aus dem 12. Jh. stammende Kirche *Notre-Dame* mit ihrem rund 400 Jahre alten Langhaus lohnt wegen der schönen Buntglasfenster einen Besuch. Das Städtchen ist vor allem weit über die Region hinaus für seinen vorzüglichen Käse bekannt, der denselben Namen trägt und in ganz unterschiedlichen Formen auf den Markt kommt. Längst sind es nicht mehr nur die Bauern, welche den „Bray" auf traditionelle Weise herstellen. Schon vor Jahren etablierten sich im Pays de Bray, wie etwa hier in Neufchâtel, große Molkereibetriebe, die mit Hilfe modernster Technologie die Milch bis zum Endprodukt verarbeiten.

Spätestens ab Neufchâtel-en-Bray ist eine Bummeltour angesagt. Gemütlich geht es über Nebenstraßen nach **Nesle-Hodeng** (an der D135). Auf den Bauernhöfen wird noch hier und da der Neufchâtel-Käse auf traditionelle Weise hergestellt. Zwei Adressen von Käsereien, die nach telefonischer Voranmeldung dem Besucher ihre Türen öffnen: Ferme des Fontaines (März bis Nov., M. Brianchon, ☎ 35 93 08 68); im nahen **Mesnil-Mauger** (an der D120) ist es die Käserei von M. Auvre (☎ 35 90 41 22).

Forges-les-Eaux (3800 Einw.) war einst ein berühmtes Thermalbad mit einer illustren Gästeschar. Heute ist der Ort eine beschauliche Oase inmitten des Bauernlandes, die zum Entspannen und Kuren mit dem gesundheitsspendenden Mineralwasser immer noch wie geschaffen ist. Schon den Römern waren dort Eisenvorkommen bekannt. Sie bauten das Metall ab und schmiedeten daraus ihre Waffen. Doch erst im 16. Jh. begann der wirtschaftliche Aufschwung des Orts. Zu jener Zeit kam das Baden im eisenhaltigen Wasser in Mode. Und als dann nacheinander Louis XII, Anne d'Autriche und Richelieu von der Heilmethode überzeugt waren, fing das Geschäft mit der Gesundheit so richtig an zu boomen. Der Kurbetrieb unserer Tage bezieht die Uferregionen des Flüßchens Andelle mit ein, das sich zu einem kleinen See nördlich und südlich der Avenue des Sources verbreitert. Hauptanziehungspunkt nicht nur für Kurgäste ist das *Grand Casino*, in dessen Vorgängerbau schon Voltaire sein Glück versuchte.

ⓘ Office de Tourisme, Parc Mandory, F-76440 Forges-les-Eaux,
☎ 35 90 52 10; Association Culturelle et Touristique du Pays de Bray,
1, place de Gaulle, ☎ 35 90 40 45.

Zug: Forges-les-Eaux liegt an der Bahnlinie von Paris nach Serqueux, das wiederum Haltestelle an der Strecke Rouen–Amiens ist.
Bus: Rouen, Forges-les-Eaux und Aumale.

Hotels
Trotz Kurbetrieb und Kasino ist das Angebot hinsichtlich der Hotels und Restaurants bescheiden.
Continental, 110, av. des Sources, ☎ 35 09 80 12, Fax 35 09 61 15, zählt am Ort zu den besten Unterkünften. $$
Relais du Bois des Fontaines, Route de Dieppe, ☎ 35 09 85 09, Fax 35 90 34 53, Hotel mit nicht einmal einem Dutzend Zimmern. $$
Paix, 17, rue de Neufchâtel, ☎ 35 90 51 22, Fax 35 09 83 62, sehr geringer Komfort. $

Restaurants
Auberge du Bleu Lieu, an der Straße D15, ☎ 35 90 50 368, Fax 35 90 35 98, die normannischen Gerichte werden auch im Freien serviert. $$
Hotel de la Paix, 17, rue Neufchatel, ☎ 35 90 51 22, Fax 35 09 83 62, Touristenmenüs zu günstigen Preisen, auch Halbpension (fünf Zimmer). $$

Der Impressionist Claude Monet baute sich sein Traumhaus in Giverney und umgab es mit einem immerblühenden Sommergarten.

Route 4

In den Fußstapfen von Richard Löwenherz

Von Gisors über Giverny nach Rouen (120 km)

Der Vexin-normand im Südosten liegt geographisch gesehen zwar am Rand der Normandie, ist aber aus historischer Sicht ihr Kern, stand dort doch im 10. Jh. die Wiege des Herzogtums. In späteren Zeiten versuchten ihre Herrscher, allen voran der legendäre Richard Löwenherz, den Osten und Südosten der normannischen Flanke zu schützen und Bollwerke gegen Frankreich zu errichten, die heute als steinerne Zeugnisse an eine große Vergangenheit erinnern.

4

* **Gisors** (9000 Einw.) ist ein kleiner Ort, der als alte Hauptstadt des Vexin-normand auf eine bewegte Vergangenheit zurückblickt. Bestimmend für seine Entwicklung war die strategisch günstige Lage auf einer Anhöhe über dem Flußtal der Epte an der äußersten Grenze der Normandie. Sie bot sich vor rund 900 Jahren als idealer Standpunkt für den Bau einer grenzsichernden Festung zwischen dem Herzogtum Normandie und dem Königreich Frankreich geradezu an. Und so thront noch heute auf einem Hügel über der Stadt das ** *Château Fort*, das seine Entstehung im Jahr 1097 dem König von England und Herzog der Normandie, William II, dem Sohn von Wilhelm dem Eroberer, verdankt. Henri II (1154–1189) ließ es als Bastion gegen Frankreich weiter ausbauen, was nicht verhindern konnte, daß die Burg 1193 vom französischen König Philippe II Auguste erobert wurde. Der Monarch nutzte schlicht die Gunst der Stunde.

Der normannische Herzog und König von England, Richard Löwenherz, war auf dem Rückzug von Palästina in die Grafschaft des deutschen Kaisers Heinrich VI. geraten und konnte sich somit gegen die Expansionsgelüste Frankreichs nicht zur Wehr setzen.

** Giverny

Der kleine Ort zählt unter Kunstkennern zu den bekanntesten Dörfern Frankreichs. Der Impressionist Claude Monet lebte dort zwischen 1883 und 1926 in seinem Landhaus, das bald nach seinem Tod zum *Musée Claude-Monet* (🕓 Anfang April bis Ende Okt. tgl. 10–18 Uhr) umgestaltet wurde und Besucher aus der ganzen Welt anzieht. Wer die Idylle noch etwas ungestört genießen möchte, sollte morgens als erster in der Schlange vor dem rosagetünchten Haus stehen. Der Innenanstrich der Räume wurde in den unterschiedlichsten Pastelltönen gewählt: Hellblau für das Lesezimmer, Crème für das Schlafzimmer mit dem Bett, in dem der große Maler starb, um nur zwei Beispiele zu nennen. Lediglich für das geräumige Speisezimmer entschloß sich der Maler zu leuchtendem Sonnengelb. Und mit noch größerer Hingabe widmete er sich der Anlage seines Gartens. Nichts wurde dem Zufall überlassen. So hat er besonders bei der Wahl der unterschiedlichsten Blumen auf den Zeitpunkt der Blütezeit jeder einzelnen Sorte geachtet. Dank seiner minuziösen Berechnungen verwirklichte er sich den Traum eines immer blühenden Sommergartens. In diesem Freiluftatelier schuf der Meister mit Pinsel und Palette jene weltberühmten Gemälde, die heute in den bedeutenden Museen der Normandie und in Paris hängen.

Unterhalb der Burg drängen sich die Häuser, zwischen denen die Türme von *St-Gervais-et-St-Protais* himmelwärts streben. Der Baubeginn lag im 12. Jh., die Arbeiten zogen sich aber über 400 Jahre hin, so daß nicht nur gotische, sondern auch Elemente der Renaissance auftauchen. Trotz der Stilvielfalt macht die Kirche einen einheitlichen, harmonischen Eindruck.

Auf dem Hügel über Gisors wacht die Normannenfestung.

Nur 15 km südwestlich von Gisors stand in **St-Clair-sur-Epte** die „Wiege" der Normandie. Im Jahr 911 schlossen in diesem zum Département Oise gehörenden Städtchen der französische König Charles Le Simple und der Wikingerführer Rollo jenes Abkommen, das den Grundstein für ein eigenständiges Herzogtum legte. Rollo kontrollierte damals bereits einen Großteil des normannischen Territoriums, das die französische Krone an ihn offiziell abzutreten bereit war. Im Gegenzug mußten die Wikinger ihre gewalttätigen Feldzüge einstellen und Rollo sich zum christlichen Glauben bekehren lassen. Die Kirche, in welcher der Vertrag durch einen feierlichen Schwur besiegelt wurde, existiert noch. Anläßlich der 1000-Jahr-Feier dieses historischen Ereignisses ließen die Stadtväter 1912 ein Fenster in den Bau einsetzen, das den knienden Rollo zu Füßen des Königs zeigt.

Eines der meistfotografierten Motive: Vieux Moulin bei Vernon.

Château Gaillard bei Les Andelys ließ Richard Löwenherz erbauen.

Vernon (23 500 Einw.). Das immer noch gemütlich wirkende Städtchen ist für viele Reisende aus dem Großraum Paris das Tor zur Normandie. Ähnlich muß es der französische König Philippe II Auguste gesehen haben, der Vernon als erste normannische Ortschaft 1204 eroberte. Während des Hundertjährigen Krieges wurde Vernon für rund 30 Jahre nochmals englisch, ehe die Stadt endgültig an Frankreich fiel. Im Zentrum liegt ***** *Notre-Dame*, deren Bau im 12. Jh. begonnen, sich aber bis ins 16. Jh. hinzog. An der Westfassade

Blick auf das idyllisch gelegene Les Andelys.

wird der Blick von einer grandiosen Rose mit Elementen des Flamboyant gefangengenommen. Gleich neben der Kirche verdient das älteste Haus *Au temps jadis* Aufmerksamkeit. In diesem mittelalterlichen Fachwerkbau sind die Büros der Touristeninformation untergebracht. Das *Hôtel de Ville* gegenüber entstand Ende des letzten Jahrhunderts. Ein Spaziergang durch die schmalen, verwinkelten Gassen der Altstadt mit den Fachwerkhäusern ist mittelalterliche Stadtgeschichte zum Anfassen. Das *Musée Alphonse-Georges-Poulain* (12, rue du Pont) zeigt archäologische und landeskundliche Exponate sowie eine kleine Sammlung von Gemälden, u. a. von Claude Monet, der lange Zeit in Giverny lebte.

Im Ortsteil Vernonnet steht unmittelbar neben dem Pont Clemenceau eines der am meisten fotografierten Motive der Normandie: *Vieux Moulin*. Die Mühle aus dem 16. Jh. wurde detailgetreu restauriert. Nur wenige Schritte entfernt, gelangt man zum *Château des Tourelles*. Die teilweise verfallene Burg wurde im Frühmittelalter zum Schutz eines Seineübergangs angelegt, von dem es aber heute keine Spuren mehr gibt.

ℹ Syndicat d'Initiative, 36, rue Carnot, F-27200 Vernon, ☎ 32 51 39 60.
Bahn: Paris–Rouen.
Bus: Evreux, Gaillon, Les Andelys und Gisors.

Hotels
Hôtel Evreux Le Relais Normand, 7, place d'Evreux, ☎ 32 21 16 12, bequemes Drei-Sterne-Hotel. $$
Haut Marais, 2, route Rouen, im Vorort St-Marcel, ☎ 32 51 41 30, Fax 3221 11 32, größeres Hotel mit preisgünstigen Zimmern. $
Restaurant
La Gueulardière, 4 km außerhalb in Port-Villez, ☎ 34 76 22 12, die Küche lohnt den Abstecher. $

Gaillon (6300 Einw.). Einen Meilenstein in der Schloßarchitektur setzt am linken Seineufer das *Château de Gaillon.* Ein Wandel vollzog sich an diesem Bau während der Amtszeit von Erzbischof Georges I d'Amboise (1460–1510). Er veranlaßte den Umbau der Burg zu einem Sommerschloß, wobei er sich für den zeitgenössischen Renaissancestil italienischer Prägung entschied.

Les Andelys (8500 Einw.). Hier thront die wohl geschichtsträchtigste Burgruine der Normandie, ** *Château Gaillard*, hoch über dem Flußtal. Sie gehörte im 12. Jh. zu jenem Verteidigungsgürtel, der die Normandie vor den aggressiven Eroberungsgelüsten der französischen Krone schützen sollte. Nachdem Philippe II Auguste 1193 in Abwesenheit des Herzogs Gisors eingenommen hatte, ließ Richard Löwenherz 1196 innerhalb eines Jahres als Ersatz diese Festung anlegen. Schon wenige Jahre später, am 6. März 1204, fiel die stolze Verteidigungsanlage unter dem Ansturm der Soldaten von König Philippe II Auguste. Dem Sieger stand damit der Weg nach Rouen offen. Heute existieren von Château Gaillard noch Teile der Ringmauern sowie der Burgkern.

Bei Les Andelys verabschiedet sich die *Route Normandie-vexin* vom Seinetal und steuert die nördlich gelegene *Forêt de Lyons* an. Früher hallte das über 10 000 ha große Waldgebiet von den Jagdhörnern der Herzöge der Normandie wider, die sich dort Hirsch und Wildschwein vor die Flinten treiben ließen. Heute locken Buchen und Eichen, die sich im Herbst dekorativ verfärben, eher Wanderer und Pilzsammler. Mitten in diesem riesigen Forst gründete Henri I Beauclerc, ein Sohn von Wilhelm dem Eroberer, im Jahr 1138 die Zisterzienserabtei

Von der ehemals grandiosen 90 m langen und über 40 m breiten Kirche der **Abbaye de Mortemer** sind nur noch Ruinen übrig. Aber selbst die bröckelnden Mauerreste mit blinden Fenstern und efeuüberwucherten Simsen lassen die einstmalige Größe dieses Klosters noch erahnen.

Route 5

Küstenbummel in Calvados

Die malerische Côte de Grâce und Côte Fleurie (32 km)

Schindeln decken den Turm von Ste-Cathérine in Honfleur.

Während Gäste aus aller Herren Länder in den zahlreichen Strandcafés an ihren Aperitifs nippen oder sich fruchtige Törtchen auf der Zunge zergehen lassen, bummeln Flaneure und Müßiggänger, Schaulustige und Sonnenanbeter über die Holzdielen der vornehmen Strandpromenade, die sich an diesem Sonntagnachmittag zu einem Laufsteg der Eitelkeiten verwandelt. Frischer Wind läßt die weißen Tischdecken der Straßenrestaurants flattern, in denen sich das ländliche Flair der Normandie mit der mondänen Exklusivität eines international renommierten Seebades mischt.

Der alte Hafen von Honfleur an der Côte Fleurie.

Die Küste des Département Calvados zwischen den Mündungen der Flüsse Risle im Osten und Orne im Westen sammelt normannische Superlative. Dort liegen die hinreißend schönen Strände, die vornehmen Badeorte, aber auch die malerischste Hafenstadt der Region, um nur drei Höhepunkte zu nennen.

War es ein Poet, der für den Küstensaum zwischen Honfleur und Cabourg die Namen Côte de Grâce (Küste der Anmut) und Côte Fleurie (Blumenküste) dichtete? Über das vielfältige Hotelangebot bekommt man jederzeit ausführliches Material bei den Fremdenverkehrsämtern der einzelnen Orte.

Im Hafen von Honfleur.

5

Honfleur (8200 Einw.). Falls diese Stadt ein Herz besitzt, so ist dies der ** *Vieux Port*, der von dicht aneinandergedrängten Häusern wie von einer Festungsmauer umgeben ist. Den bis zu sieben Stockwerken hohen Fassaden sieht man an, daß sie schon manches Unwetter überstanden haben und auch dem saisonbedingten Touristenansturm unbeschadet trotzen können.

Die Geschichte hat Honfleur berühmt, die Kunst attraktiv gemacht. Schon an der Wende vom 15. zum 16. Jh. kehrten Seefahrer wie Binot Paulmier de Gonneville und Jean Denis dem Hafen den Rücken, um in damals noch unbekannte Weltmeere vorzustoßen. Berühmt wurde u. a. Samuel de Champlain, der am 15. März 1603 in Honfleur die Segel der „Bonne-Renommée" setzen ließ. Er kreuzte über den Atlantik und gründete fünf Jahre später die kanadische Stadt Quebec.

Waren diese Jahrhunderte das Zeitalter der „Ritter der Weltmeere", so wurde das 19. Jh. zur Epoche der Künstler. Eugène Boudin (s. S. 16), ein Sohn der Stadt, wurde mit seinen Himmels- und Seegemälden zum Wegbereiter des Impressionismus. Boudin mietete sich bei Mutter Tantain in der *Ferme St-Siméon*, einer früheren Leprastation, für 40 Francs pro Monat inklusive Mahlzeiten ein. Mit Blick auf die schöne Küste frönte er dort seiner Kunst. Andere Maler wie Corot, Courbet, Harpignies, Isabey, Troyon und Diaz de la Peña ließen sich ebenfalls vom klaren Licht der Normandie inspirieren und arbeiteten in Honfleur. Heute erinnert nur noch das *Musée Municipal Eugène-Boudin* (Place Erik-Satie, 🕓 13. März bis 30. Sept. tgl. 10–12 und 14–18 Uhr, 1. Okt. bis 12. März Mo bis Fr 14.30-17 Uhr, Sa/So 10–12 und 14.30–17 Uhr, 1. Nov. bis 13. Febr. Di geschlossen) an diese Ära.

In der Nachbarschaft der Hebebrücke zwischen innerem und äußerem Hafen fällt einem die Lieutenance ins Auge, ein im 16. und 17. Jh. errichtetes Gebäude, das früher Teil der Stadtbefestigung war und in dem der Stadtkommandant seinen Amtssitz hatte.

Stadteinwärts gelangt man zur 1468 erbauten Kirche * *Ste-Cathérine*. Ihre Architektur ist in der Normandie einmalig: Zu den Augenfälligkeiten dieses Bauwerks gehört der isoliert stehende und mit Schindeln gedeckte Glockenturm, der Vergleiche mit einem italienischen Campanile zuläßt. Betritt man die Kirche, erwartet den Besucher eine weitere Überraschung: Der Innenraum besteht aus zwei fast identischen Kirchenschiffen, die von lokalen Schiffsbauern gezimmert wurden. Sobald sich die Augen an das Dämmerlicht gewöhnt haben, lassen sich an manchen Bauteilen schöne Schnitzereien erkennen.

Hoch über der Stadt erhebt sich * *Le Calvaire*, der Kalvarienberg, mit der Kapelle Notre-Dame-de-Grâce, einer Wallfahrtskapelle aus dem 17. Jh., die vor allem von vielen Seeleuten besucht wird. Noch höher als diese Pilgerstätte liegt der Aussichtspunkt *Mont-Joli*. Der Blick von hier oben reicht weit über die Küste hinweg mit Honfleur im Vordergrund.

ⓘ Office de Tourisme, Rue de la Ville, F-14600 Honfleur, ☎ 31 89 23 20, FAX 31 89 18 76.

🚆 Die am nächsten gelegenen SNCF-Stationen sind Deauville bzw. Pont-l'Evêque.

🚌 An der Strecke von Le Havre nach Cabourg bzw. nach Caen sowie an der Strecke über Pont-l'Evêque nach Lisieux. SCETA-Busse verkehren auch zwischen Honfleur und Evreux.

Ⓡ **L'Assiette Gourmande,** Quai Passagers, ☎ 31 89 24 88, FAX 31 89 90 17, wie der Name sagt: ein Treffpunkt für Gourmets. $$$

* **Trouville-sur-Mer** (5600 Einw.) hebt sich dadurch von Deauville ab, daß der Ferienort weniger die gutbetuchte internationale Schickeria anzieht als vielmehr ein familienorientiertes Urlaubsziel sein möchte. Der Stolz des

Ortes ist der breite Sandstrand, der an der Mündung der Touques beim Spielkasino bzw. dem Schwimmbad beginnt. Hier liegen u.a. auch das städtische Aquarium sowie die medizinischen Einrichtungen für Thalassothérapie (Institut de Thalassotherapie, Promenade des Planches, ☎ 31 88 10 35).

Jahrhundertwende-Hotel an der Promenade von Trouville.

* **Deauville** zählt zwar nur etwa 5000 ständige Einwohner, ist aber im Laufe der Jahrzehnte zur exklusivsten Badehochburg der Normandie avanciert. Die Hauptattraktionen von Deauville sind der am ** Strand entlangführende *Boulevard Cornuché* mit dem schneeweißen Spielkasino sowie die hölzerne Strandpromenade, genannt * *Les Planches,* die am Schwimmbad, an der Tennisanlage, am Minigolfplatz und am Pony-Club vorbeiführt. Im Sommer zieren Sonnenschirme und Strandkörbe vor allem in den Farben Rot und Blau den weißen Strand und definieren damit die französische Trikolore auf ihre Weise. Seine internationale Reputation verdankt der Ort sowohl seinen zahlreichen Kulturveranstaltungen wie Film- und Musikfestivals, zu denen alljährlich Stars aus aller Welt anreisen, als auch seinen sportlichen Ereignissen von Polomeisterschaften über Pferderennen bis hin zu Segelwettbewerben.

ℹ Office de Tourisme, Place de la Mairie, F-14800 Deauville, ☎ 31 88 21 43, FAX 31 88 78 88.
Züge fahren ab Paris (Gare St-Lazare) über Lisieux nach Trouville/Deauville und weiter nach Dives-sur-Mer/Cabourg und zurück.
Honfleur, Deauville und Caen sowie zwischen Deauville und Le Havre.

5

Ⓡ **Crio's,** Les Planches, ☏ 31 88 18 10, FAX 31 98 66 71, kulinarischer Höhepunkt, an der Strandpromenade. ($)
Le Spinnaker, 52, rue Mirabeau, ☏ 31 88 24 40, FAX 31 88 43 58, raffinierte Fischgerichte, mit Cidre und Calvados zubereitet. ($)

* **Villers-sur-Mer** befindet sich wie das englische Greenwich exakt auf dem Nullmeridian, der auf der Strandpromenade durch einen aufgemalten Strich markiert ist. Unter Paläontologen ist der Ort ein Begriff, weil in den Kalkklippen der Vaches Noires (Schwarze Kühe) die meisten Fossilien der ganzen Region gefunden wurden.

* **Houlgate** (1700 Einw.) liegt östlich der Mündung des Flüßchens Dives in den Ärmelkanal. Auch dies ein renommierter Badeort, mit prächtigen Sommerresidenzen entlang der Strandpromenade. Unter ihnen fällt das Quartett der im Renaissancestil erbauten amerikanischen Villen namens Columbia, Merrimac, Minnehaha und Tacoma (Rue Henri-Dobert) besonders auf.

Südlich von Houlgate orientiert sich die Küstenstraße landeinwärts nach

Dives-sur-Mer, einem etwa 6000 Einwohner zählenden Städtchen, an dessen Küste Wilhelm der Eroberer 1066 seine Flotte versammelte, um sich die Krone von England zu erstreiten. Über dem Portal der Kirche *Notre-Dame-de-Dives* sind die Namen der 475 Männer aufgelistet, die den Herzog damals auf seinem Kriegszug über den Ärmelkanal begleiteten. Reizvollstes Gebäude auf dem Marktplatz im Zentrum ist die aus groben Eichenbalken gezimmerte mittelalterliche Markthalle, in die jeden Samstag vormittag neues Leben einkehrt. Bauern und Händler, Kunden und Schaulustige drängen sich im trüben Licht der Glühbirnen um die Marktstände, die mit duftenden Gemüsen, blankpolierten Äpfeln, Blutwürsten und Krustenbroten so vollgepackt sind, als gelte es, ein letztes Mal Erntedankfest zu feiern. Schräg über dem Marktplatz zieht ein zweites historisches Gebäude die Blicke auf sich: die *Lieutenance*, die ehemalige Residenz der Herren von Falaise mit einer hohen, mehrfach restaurierten Fassade.

* **Cabourg** (3400 Einw.) hat zu einem nicht geringen Teil seinen Bekanntheitsgrad Marcel Proust (1871–1922) zu verdanken. Um sein Asthma zu lindern, suchte der Schriftsteller erstmals zu Beginn der achtziger Jahre des letzten Jahrhunderts Cabourg auf, das erst zwei Dekaden zuvor als „Reißbrettstadt“ gegründet worden war. Dementsprechend besitzt die Stadt einen geometrischen Grundriß in Gestalt eines Halbkreises, wobei sämtliche Straßen auf dem Platz vor dem Grand Hôtel zusammentreffen. Auch in späteren Jahren stieg Proust häufig im 1862 erbauten Grand Hôtel (s. u.) ab, wo er im Zimmer 414 seinen Schreibtisch stehen hatte. Ein literarisches Denkmal setzte er dem Ort mit dem Romanzyklus „Auf der Suche nach der verlorenen Zeit“. Dort taucht Cabourg als „Balbec“ im Teil „Im Schatten junger Mädchenblüte“ auf.

ℹ Office de Tourisme, Jardins du Casino, F-14390 Cabourg, ☏ 31 91 01 09, FAX 31 24 14 49.
Zug: Strecke: Houlgate, Deauville und Lisieux.
Bus: Strecke: Caen über Honfleur nach Le Havre.

Ⓗ **Hotels**
Pullman Grand Hôtel, Promenade Marcel-Proust, ☏ 31 91 01 79, FAX 31 24 03 20, traditionsreiches Nobelhotel, das wie eh und je vom Namen Marcel Proust zehrt. ($)
Hôtel Golf, Av. M.-d'Ornano, ☏ 31 24 12 34, FAX 31 24 18 51, gepflegtes Hotel. ($)

Ⓡ **Restaurants**
Les Dunes, Rue Léon-Pican, ☏ 31 24 38 00, auf einer Düne gelegenes Restaurant mit Fischspezialitäten. ($)
Guillaume Le Conquérant, 2, rue Hastings, im benachbarten Dives-sur-Mer, ☏ 31 91 07 26, Traditionslokal in einer Poststation. ($)

Route 6

Alte Apfelmühle auf einem Bauernhof in Calvados.

Cidre, Calvados und Camembert

Durchs idyllische Pays d'Auge (150 km)

Primitive Calvados-Destille.

Kein Landstrich der Normandie macht es einem so schwer, nüchtern zu bleiben wie das Pays d'Auge. Nein, hier ist nicht die Rede von alkoholischen, sondern anderen Versuchungen, abgegriffenen Klischees nämlich, die sich einem klammheimlich aufdrängen im bäuerlichen Hinterland der Côte Fleurie: sanfte Hügel, lauschige Wäldchen, sattgrüne Wiesen wie kunstfertig verlegte Veloursteppiche, abgelegene Fachwerkdörfer und schmale Landstraßen, die sich wie Achterbahnen durch schattige Täler und weites Weideland winden. An sonnigen Tagen sieht das Pays d'Auge aus wie ein zum Leben erwecktes Kalenderblatt. Ab und zu tauchen zwischen knorrigen Apfelbäumen Herrenhäuser und märchenhafte Schlösser auf.

6

Stippvisite in einer Ferme-Auberge

Wer sich beim Blick auf die Auslagen der Gehöfte Appetit geholt hat, kann seinen Hunger stilvoll in der „Ferme-Auberge du Laizon" (in Cleville, der Weg ist ab Beuvron ausgeschildert, ☎ 31 23 64 67, Reservierung obligatorisch) stillen. Schon der Cocktail nach dem Hausrezept (Puderzucker, Calvados, Crème fraîche und eine Prise Muskat) ist eine Offenbarung, wenn auch keine kalorienarme. Danach ißt man Kaninchen à la normande oder Lammkoteletts, die der Wirt auf dem offenen Grill in der Gaststube zubereitet, während die Hühner durch die offene Tür hereinspazieren, um die Brotkrümel der Vorspeise vom Boden zu picken. Nach dem Haustrunk, einem durchgegorenen Cidre, käme ein weiches Himmelbett gerade recht!

* **Beuvron-en-Auge** (275 Einw.) sieht so herausgeputzt aus, als ginge jeden Abend der Bürgermeister höchstpersönlich mit dem Malerpinsel die Hausfassaden entlang, um hie und da einen Fachwerkbalken neu zu streichen. Beuvron ist eines dieser *Villages préservés*, also ein Dorf, in dem sich die Bürger um den Erhalt ihrer alten Häuser kümmern. In diesem speziellen Fall geht die Liebe zum Detail so weit, daß farbenprächtige Geranien die Fensterbänke schmücken, was natürlich die Touristen auf der Suche nach Fotomotiven freut. Mitten im Ort stand früher eine hölzerne Markthalle, an deren Nachfolgebauten der Denkmalschutz mit verbundenen Augen vorbeigegangen sein muß. Im Trend der Zeit liegen jene Bauernhöfe an der Durchgangsstraße, die selbstgemachten Käse, frische Butter, Calvados und nach Rezepten aus Omas Kochbuch angefertigte Marmelade verkaufen.

Crèvecœur-en-Auge (550 Einw.) verdankt seinen festen Platz unter den Sehenswürdigkeiten des Pays d'Auge einzig und allein dem * *Château de Crèvecœur* (🕓 1. Mai bis 30. Sept. 10 bis 13 und 14–19 Uhr, Mitte Febr. bis Ende April sowie Anfang Okt. bis Mitte Nov. 11–13 und 14–18 Uhr). Schon der verspielte Eingangspavillon macht neugierig: Der Sockel des verglasten Rundportals weist wieder das für die Gegend typische Schachbrettmuster in farbigen Mauersteinen auf. Das obere Geschoß mit seinem geometrischen Fachwerkmuster und den flankierenden schindelgedeckten Kegeltürmchen sieht aus, als würde jeden Augenblick die Torwache das bleiverglaste Fenster aufreißen und wissen wollen, wer da Einlaß begehre. Fünf weitere Einzelgebäude, darunter ein Gehöft, eine Scheune, ein niedliches Taubenhaus und der Haupttrakt mit dem Schlumberger-Museum, vervollständigen die Burganlage.

* **Manoir de Coupesarte** schlägt seine Besucher durch rustikalen Charme in Bann. Auf dem Privatgelände sind Touristen nur geduldet, doch hat niemand etwas dagegen, wenn der uralte Gutshof von außen besichtigt wird. Er liegt wie eine kleine Wasserburg inmitten eines künstlich angelegten Teichs, in dem ausladende Baumkronen ihre Zweige baden.

Livarot (2500 Einw.) besitzt keine überragenden Sehenswürdigkeiten nach kunsthistorischem Verständnis; man gibt sich mit Profanem zufrieden: Der Ort hat seinen Namen einem bekannten kegelförmigen Käse gegeben. Und allwöchentlich lockt am Donnerstag der Wochenmarkt mit einem Riesenangebot der tollsten Käsesorten.

Einen noch größeren und bedeutenderen Markt veranstaltet jeden Montag das 16 km östlich gelegene Städtchen

St-Pierre-sur-Dives. Der Ort ist traditionell Umschlagplatz für alles, was Ackerbau und Viehzucht an Rohstoffen für leibliche Genüsse produziert.

Schon allein die Größe der gewaltigen *Halle aux Grain* (Kornhalle) im Ort ist als Beweis dafür zu sehen, daß ihre Erbauer, nämlich die Mönche der * *Abbaye de St-Pierre-sur-Dives*, schon im 13. Jh. durchaus ein Gespür für florierende Geschäfte besaßen. Die Kirche der Abtei entstand ab dem 12. Jh. auf den Fundamenten eines zerstörten romanischen Vorgängerbaus.

Vimoutiers (5000 Einw.). Auf dem Marktplatz der Kleinstadt wurde der Bäuerin Marie Harel ein Denkmal gesetzt. Ihr wird die Erfindung des größten Exportschlagers der Region, des Camemberts, zugeschrieben. Diesem Käse, seiner Geschichte und seinem Herstellungsprozeß ist das *Musée du Camembert* (10, av. de Gaulle) gewidmet. Der Bau ist die Nachbildung einer Käserei; Hunderte von bunten Camembert-Etiketten provozieren Sammlerleidenschaft.

Camembert. Ihren Ruf als Produktionsstätte dieses weltberühmten Weichkäses mußte die Ortschaft an Vimoutiers abtreten, weil der Strukturwandel in der normannischen Landwirtschaft auch die Käsereien im Ort nicht verschonte. Wer dennoch einen traditionellen Betrieb besichtigen will, kann sich auf der *Ferme de la Héronnière* (☏ 33 39 08 08, Führungen nur nach Voranmeldung, tgl. außer So) umsehen.

Schloßmuseum von Crèvecoeur-en-Auge.

*** Château St-Germain-de-Livet.** Die Touques umfließt das hübsche Wasserschlößchen (🕓 1. Okt bis 30. März von 10–12 und 14–17 Uhr, 1. April bis 30. Sept. von 10–12 und 14–19 Uhr, Mi im Sommer bis 23 Uhr; Führungen nach Voranmeldung, ☏ 31 62 07 70), das zu den bekanntesten Sehenswürdigkeiten im Pays d'Auge gehört. Wie gehabt, wurde auch hier die Fassade im Schachbrettmuster aus vermauerten Natursteinen und Klinkern im Wechsel hochgezogen. Dem Haupteingang stehen zwei schlanke Türmchen mit kegelförmigen Dächern zur Seite, wobei die Dachkonstruktion des linken Eckturms irgendwie massiver geraten ist und nun wie ein viel zu groß geratener Hut auf dem Unterbau sitzt. Auf der rechten Seite hört die gescheckte Frontfassade neben dem Eingang abrupt auf und macht einem Fachwerkgebäude mit Satteldach Platz.

Der Erfinderin des Camemberts setzte Vimoutier ein Denkmal.

Lisieux (26 000 Einw.) ist die größte Stadt des Pays d'Auge, sein kommerzielles, industrielles und religiöses Zentrum. Etwa seit dem 5. Jh. Bischofssitz, ist der Ort mit seinem Karmeliterkloster, in dem die hl. Thérèse Nonne war, seit Jahrzehnten eines der bedeutenden Wallfahrtsziele in Frankreich. Erstes Ziel der meisten Wallfahrer ist die monumentale *Basilique Ste-Thérèse* (im Sommer jeden Abend um 21.30 Uhr eine Licht-Show), die der Nonne Thérèse Martin gewidmet ist. Sie wurde 1873 in Alençon

Wohnliche Innenräume im Château St-Germain-de-Livet.

geboren und zog vier Jahre später nach Lisieux um, wo sie in einem Haus namens Les Buissonnets lebte. Als 15jährige Novizin trat sie dem Karmeliterinnenorden in Lisieux bei. Ihr außerordentlich frommes und aufopferungsvolles Klosterleben dauerte aber nur neun Jahre; 1897 starb sie an Tuberkulose. 1923 wurde Thérèse selig-, zwei Jahre später heiliggesprochen. Die riesige Kathedrale, die ihr zu Ehren 1954 in Lisieux geweiht wurde, läßt die Bescheidenheit und Genügsamkeit, die der Heiligen eigen war, komplett vermissen und macht die Dimension zum Maß aller Dinge.

Neben dieser Kirche gilt vielen Besuchern *Les Buissonnets* (Maison de Ste-Thérèse, Eingang bei Hausnummer 56 am Bd Herbert-Fournet) als wichtiges Pilgerziel. Die Wohnung, in der Thérèse Martin bis zu ihrem Eintritt ins Kloster mit ihrem Vater und den Geschwistern lebte, besteht u.a. aus einem Speisezimmer und den Schlafzimmern.

Daß Lisieux früher ein Schmuckstück war, beweisen die Stiche, Aquarelle und historischen Fotos im *Musée du Vieux-Lisieux* (38, boulevard Pasteur). Viele Exponate konnten trotz der schweren Schäden aus einem schon vor 1944 existierenden Museum gerettet werden, darunter typisches Mobiliar, normannische Keramiken und volkskundliche Stücke, von denen die meisten aus dem Pays d'Auge stammen.

Auf geschichtsträchtigem Boden steht die Kirche *St-Pierre* im Stadtzentrum. In ihrem Vorgängerbau fand 1152 die denkwürdige Hochzeit von Henri II Plantagenet, seit 1154 König von England, mit Eleonore von Aquitanien statt. Die damals begründete Erbfolge hatte knapp 200 Jahre später Konsequenzen von europäischer Dimension: Sie löste mit dem Anspruch des englischen Königs Edward III auf den französischen Thron den Hundertjährigen Krieg aus.

Im ehemaligen Bischofspalast (Palais épiscopal) bewegen heute Justiz- und Verwaltungsbeamte staubige Aktenberge. Ein wesentlich angenehmeres Flair strahlt da die * *Salle dorée* (Goldener Saal) aus, deren prächtiges Schaustück eine Kassettendecke aus dem 17. Jh. ist.

ⓘ Office de Tourisme, 11, rue d'Alençon, F-14107 Lisieux, ☎ 31 62 08 41, Fax 31 62 35 22.
Bahn: An der Strecke Paris (Gare St-Lazare), Evreux, Lisieux und weiter nach Caen bzw. Cherbourg. Über eine Nebenstrecke ist die Stadt auch mit der Côte Fleurie verbunden.
Bus: Nähere Umgebung Pont-l'Evêque, Honfleur, Livarot und Vimoutiers.

Hotels

Gardens Hôtel, knapp 3 km außerhalb an der N 13, ☎ 31 61 17 17, Fax 31 32 33 43, mit Swimmingpool und Garten. ($)
Espérance, 16, bd Ste-Anne, ☎ 31 62 17 53, Fax 31 62 34 00, Innenstadt: Haus mit 100 Zimmern. ($)

Restaurants

Ferme du Roy, etwa 2 km außerhalb an der Straße nach Deauville, ☎ 31 31 33 98, bestes Restaurant der Stadt in einem historischen Bauernhof. ($)
Aux Acacias, 13, rue Résistance, ☎ 31 62 10 95, landestypische Küche, zentrale Lage. ($)
France, 5, rue au Char, ☎ 31 62 03 37, preisgünstiges Restaurant in der Nähe der Eglise St-Pierre. $

Pont-l'Evêque (4000 Einw.). Das kleine Städtchen, nur wenige Kilometer von der Côte Fleurie entfernt, ist neben Camembert und Livarot die dritte bekannte Käsehochburg des Pays d'Auge. Spätestens seit dem 17. Jh. wird hier der quadratische, cremige Weichkäse Pont-l'Evêque hergestellt. Eine andere Spezialität der lokalen Küche sind die überaus schmackhaften Lachsforellen, die man nicht abzuschuppen braucht und die ein zartrosafarbenes Fleisch haben. Schließlich fehlt in Pont-l'Evêque auch der Calvados nicht, der vor Ort bei „Le Père Malgoire" (Route de

Trouville) nach traditionellen Verfahren destilliert wird. Weht der Wind günstig, braucht man nur der Duftfahne bis in die Kellerräume zu folgen. Den Kellereien ist das *Musée du Calvados et des Métiers Anciens* (🕓 tgl. 10–12.30 und 14.30–18.30 Uhr) angeschlossen.

Die Mörderin von Jean Marat

Die Apfelbäume tragen weiße Blüten im lieblichen Pays d'Auge, wo eilige Autofahrer vor heranstampfenden Kuhherden kapitulieren und die Schlechtigkeit der Welt so weit entfernt zu sein scheint wie der Vollmond, der nachts über dem hügeligen Wiesenland aufgeht. Doch der Schein trügt. Nicht weit von der Käsehochburg Vimoutiers steht in der Landgemeinde Champeaux ein halbzerfallenes Fachwerkhaus mit blinden Fenstern und bröckelndem Mauerwerk. Es ist das Geburtshaus einer Meuchelmörderin, die am 13. Juli 1793 für ein paar Minuten die Bühne der Weltgeschichte bestieg. Die Rede ist von Marie Anne Charlotte Corday d'Armont, einer Urenkelin des französischen Bühnendichters Pierre Corneilles, die den Radikalrevolutionär Jean-Paul Marat ermordete.

Charlotte erblickte am 27. Juli 1768 auf der Ferme Le Ronceray in Champeaux das Licht der Welt. Als 14jährige kam sie zu ihrer Tante nach Caen, die in der Rue St-Jean Nr. 148 wohnte. Das junge Mädchen besuchte in den folgenden Jahren die berühmte Abbaye-aux-Dames, wo sie eine standesgemäße Klostererziehung erfuhr und den Beginn der Französischen Revolution erlebte. Während ihr Vater auf der Seite der Monarchisten stand, wurde aus Charlotte eine überzeugte Republikanerin, die von der Exekution des Königs, dem Beginn der Girondistenverfolgung sowie von den Blutgerichten der Montagnards so tief betroffen war, daß sie schließlich einen Attentatsplan schmiedete. Im Juli 1793 fuhr sie mit der Postkutsche nach Paris, um den ihr verhaßten Jean-Paul Marat, der für sie Inbegriff der Despotie und des Terrors war, umzubringen. Am 13. Juli fragte sie sich mit dem vorgeschobenen Argument, für einige verurteilte Bürger von Orléans um Begnadigung bitten zu wollen, zu dessen Adresse durch, verschaffte sich Zugang zum Haus und erstach den in der Badewanne Sitzenden mit einem Messer. Bereits vier Tage später wurde die Mörderin vom berüchtigten Pariser Henker Sanson enthauptet, ihr abgeschlagener Kopf vom Henkersgehilfen als letzte Demütigung noch geohrfeigt. „Das Volk wird sich eines Tages darüber freuen, vom Tyrannen befreit zu sein", hatte sie aus dem Kerker ihrem Vater in einem Brief mitgeteilt.

Während die Bluttat den Lauf der Revolution nur unwesentlich beeinflußte, regte sie zahlreiche Künstler dazu an, sich mit dem Anschlag auf ihre Weise auseinanderzusetzen. Noch im Todesjahr von Marat malte Jacques Louis David das berühmte Bild des erdolchten Revolutionärs, der, einen Gänsekiel in der rechten Hand haltend, tot am Rand der Wanne lehnt. Während die Fraktion der Corday-Anhänger, unter ihnen Jean Paul, sie mit Pinsel oder Feder zur Märtyrerin machten, hielten sie ihre Gegner im günstigsten Fall für irr, sprachen ihr teils aber auch die Identität als Frau ab und rückten sie in die Nähe eines zwitterhaften Wesens.

Route 7

Strände wie Sand am Meer

Die Côte de Nacre und ihr Hinterland Le Bessin (160 km)

Die Zeit heilt Wunden! Wo im Schutz der Nacht vom 5. auf den 6. Juni 1944 die Invasion der Alliierten zur Befreiung Frankreichs begann, tummeln sich heute auf den Sandstränden vor Steilküsten in fast perfekter Idylle einheimische wie ausländische Urlauber. Aber noch immer holt einen an vielen Stellen dieses Küstenstreifens unweigerlich die Geschichte ein. Doch nicht nur Krieg und Gewalt, sondern auch Geist und Kultur haben am Küstenstreifen und seinem Hinterland deutliche Spuren hinterlassen, wie etwa im malerischen Provinzstädtchen Bayeux, das mit dem „Teppich von Bayeux" einen unbezahlbaren kunsthistorischen Schatz in seinen Mauern weiß.

Als *Côte de Nacre* (Perlmuttküste) wird diese Küstenlandschaft zwischen Ouistreham/Riva-Bella und Grandcamp-Maisy bezeichnet, deren Hinterland, *Le Bessin,* aus Wiesen, Weiden und Äckern besteht. Dazwischen liegen Dörfer, in denen man eher uralte Kuhställe vermutet als etwa stolze Schlösser wie Fontaine-Henry. Die Rundtour durch diesen Teil des Département Calvados beginnt und endet in Caen. Von Eile getriebene Zeitgenossen können sie als Tagesausflug schaffen. Mit etwas mehr Muße wird man die Gegend aber eher als ein beschauliches Stückchen Erde kennenlernen.

Caen, die Hauptstadt der Basse Normandie (s. S. 40), liegt zwar rund 15 km von der Küste entfernt, ist aber über den *Canal de Caen à la Mer* mit dem Meer verbunden. Und genau seinem

ROUTEN 7-10
0
20 km
N
Baie de la Seine
Pointe de Barfleur
Barfleur
ocqueville
uettehou
St-Vaast-la-Hogue
Fontenay-s.-Mer
Iles St-Marcouf
Utah Beach
ontebourg
Ste-Mère-Eglise
La Madeleine
Grandcamp-Maisy
Omaha Beach
Ste-Marie-du-Mont
Port-en-Bessin
Courseulles-s.-M.
Langrune-s.-Mer
Riva-Bella
Arromanches-les-Bains
Isigny-s.-Mer
Carentan
Bayeux
Creully
Fontaine-Henry
Ouistreham
Bénouville
Andrieu
Caen
Vire
St-Lô
Agneaux
Caumont-l'Eventé
Villers B.
Orne
Torigni-s.-Vire
Aunay-s.-D.
Thury-Harcourt
La Ferrière-Harrang
St-Rémy
Clécy
Château de Pontécoulant
Gavray
Sienne
Allière
Pont d'Ouilly
Condé-s.-Noireau
Villedieu-les-Poêles
Vire
Tinchebray
Flers
Brécey
Sourdeval
Briouze
Sée
Varenne
Avranches
Mortain
Pontaubault
St-Hilaire-du-Harcouët
Domfront
Le Ferté-Macé
Sélune
7
8
10

Verlauf folgt die Hauptstraße in Richtung Ärmelkanal nach **Bénouville.** Dort überspannte bis 1993 die historische Pegasus-Brücke sowohl die Orne als auch den Kanal.

Dieser Flußübergang gehörte im Juni 1944 zu den ersten wichtigen Objekten, die von britischen Fallschirmjägern eingenommen wurde. Um so härter fiel den Straßenbauern der Entschluß, das für den Durchgangsverkehr zum Nadelöhr gewordene Denkmal der Befreiung Frankreichs durch eine moderne Brücke zu ersetzen.

Ouistreham/Riva-Bella (6700 Einw.). Die Ursprünge des Doppelorts liegen im dunkeln. Erst im 19. Jh. mauserte sich Riva-Bella mit seinem schönen Strand zum Seebad mit Kasino. Als positiver Schub wirkte sich auf die Gästestatistik die Gründung des Instituts für Thalassotherapie aus.

Arromanches-les-Bains (500 Einw.) gehört zu den meistbesuchten Zielen an der Côte de Nacre. Seine Berühmtheit verdankt dieser Ort in erster Linie nicht seiner schönen Küstenlage, sondern der Invasion am Ende des Zweiten Weltkriegs. Im Zuge der „Operation Mulberry“ errichteten die Alliierten 1944 in dieser Bucht einen künstlichen Hafen aus Pontons, die über den Ärmelkanal geschleppt und schließlich durch Fluten auf Grund gesetzt wurden. Nur auf diese Weise konnte das Anlanden von Soldaten und riesigen Malerialmengen sichergestellt werden. Bei Ebbe werden Teile dieser Hafenanlagen am Sandstrand sichtbar. Die von der Brandung ausgehöhlten Ungetüme sind von grünen Algen und Muschelbewuchs überzogen und muten wie Strandgut einer fremden, im Meer untergegangenen Kriegsmacht an. Aufschluß über die damaligen Ereignisse vermittelt das *Musée du Débarquement* (am Parkplatz an der Strandpromenade, ⏲ tgl. 9–18.30 Uhr, Mo ab 10 Uhr).

Port-en-Bessin-Huppain (14 500 Einw.). Das alte Hafenbecken mit bunten Booten und Segeljachten ist ein wahrer Lichtblick, nicht nur durch den Kamerasucher. Bars und kleine Restaurants haben die Tische auf den Gehsteig gerückt. Bei schönem Wetter ist das ein guter Platz, um dem Treiben in diesem geschäftigen Viertel zuzusehen. Wer das Picknick im Grünen vorzieht, kann sich in einer Bäckerei, einer Metzgerei und einem Käseladen bestens selbst versorgen. An der nach Süden führenden Hauptstraße liegt am Ortsausgang auf der linken Seite ein von Bäumen beschatteter sauberer Platz mit fest installierten Tischen.

Omaha Beach ist der Küstenabschnitt, an dem der Krieg noch tiefere Wunden schlug als an den meisten anderen. Omaha Beach, das sind die Strände der Küstengemeinden *St-Laurent, Colleville* und *Vierville-sur-Mer.* Hier kämpften sich 1944 unter schweren Verlusten die amerikanischen Invasionstruppen der Ersten Division an Land. In *Colleville* liegt der 1956 eingeweihte *Cimetière militaire U.S.A.* Weiße Marmorkreuze erinnern auf diesem amerikanischen Militärfriedhof an 9386 US-Soldaten, die beim Sturm auf die Steilküste ums Leben kamen. 307 Kreuze tragen den Vermerk „Unbe-

Grandcamp-Maisy

Bei Ebbe riecht man im Sommer das Watt, wenn die Sonne den Seetang und die kleinen Meereslebewesen trocknet. Das Flüßchen Vire, das dort in den Atlantik fließt, hat mit seinem Schwemmsand über Jahrhunderte hinweg den Strand immer weiter hinausverlagert und somit ideale Bedingungen für die Austern- und Muschelzüchter geschaffen. Das Geschäft mit den Schalentieren hat sich allen Unkenrufen zum Trotz in den letzten Jahrzehnten als einträglich erwiesen. Und dieser Erfolg ist den Züchtern zu gönnen, denn sie haben einen Knochenjob, der seinen Mann fordert.

kannt". Rund 14 000 weitere Gefallene wurden in die Vereinigten Staaten überführt.

Zur Rückreise von Grandcamp-Maisy nach Caen sagt man der schönen Küstenlandschaft Adieu und wendet sich dem Landesinneren des Bessin zu, wo den Reisenden ein abwechslungsreiches Kontrastprogramm erwartet. Bei *La Cambe* bringt sich an der Hauptstraße Nr. 13 nochmals der Wahnsinn des Kriegs auf bedrückende Weise in Erinnerung. Auf dem Deutschen Soldatenfriedhof sind 21 222 Gefallene beigesetzt. Über dem Wald aus Kreuzen erhebt sich ein Hügel, auf dem sich ein gewaltiges Granitkreuz wie eine zu Stein erstarrte Mahnung in den Himmel reckt.

Meilenstein auf dem „Liberty Way" bei Utah Beach.

Die Ebbe legt die riesigen Pontons aus dem Zweiten Weltkrieg bei Arromanches-les-Bains frei.

** **Bayeux** (13 000 Einw.), die Hauptstadt des Bessin, ist etwas fürs Herz und Gemüt. Am Ufer des Flüßchens Aure, das sich seinen Weg durchs Stadtzentrum sucht, hat als historisches Dekorationsstück noch das eine oder andere bemooste Holzrad überlebt, das an die Zeit der Kornmühlen erinnert. Damals mauerten in den krummen Gassen des Ortskerns fleißige Baumeister die Fachwerkfassaden hoch, die im Alter längst schief und bröckelig geworden sind und trotzdem – oder gerade deshalb – eine zauberhafte mittelalterliche Stimmung schaffen. Keine Frage, daß in einem solchen malerischen Milieu Touristen aus nah und fern zum Straßenbild gehören, zumal Bayeux seine Besucher mit einer der bekanntesten Sehenswürdigkeiten der ganzen Normandie lockt.

Mit etwas Ironie könnte behauptet werden, daß der Feldzug Wilhelms über den Ärmelkanal zur Eroberung der englischen Krone im Jahr 1066 als Sternstunde für den modernen Tourismus verbucht werden kann. In den

US-Friedhof bei Colleville.

Jahren nach dem epochalen Sieg entstand nämlich mit dem *** „Teppich von Bayeux“ (s. S. 79) ein einmaliges Kunstwerk und weltberühmtes Zeitdokument zugleich, das die damaligen Ereignisse in detailgetreuen Bilderfolgen festhält. Die auch als ** *Tapisserie de la Reine Mathilde* bezeichnete Rarität ist im *Centre Guillaume-le-Conquérant* (Rue de Nesmond, ☎ 31 92 05 48, ⏲ Mitte Okt. bis Mitte März 9.30–12.30 und 14–18 Uhr, Mitte März bis Mitte Mai 9–12.30 und 14–18.30 Uhr) ausgestellt.

Der Bau der ** *Cathédrale de Bayeux*, als deren Schmuck der Teppich ursprünglich gedacht war, begann 1047 und dauerte drei Dekaden, ehe die Kirche im Beisein von Wilhelm dem Eroberer eingeweiht wurde. Doch auch in den nachfolgenden Jahrhunderten blieb die Kirche Baustelle. Nachdem der zentrale Vierungsturm im 18. Jh. mit einer barocken Haube ausgestattet worden war, kamen den Statikern schwere Bedenken wegen des zusätzlichen Gewichts. Im 19. Jh. entschloß man sich, einem eventuellen Einsturz vorzubeugen: Fundamente sowie andere tragende Teile wurden verstärkt, der Kathedrale wurde eine neue Spitze aufgesetzt. Um- und Neubauten brachten nicht nur Kosten und Probleme mit sich, sondern auch freudige Überraschungen. Erst im 15. Jh. wurde eine romanische Krypta entdeckt, die lange Zeit zugeschüttet gewesen war.

7

Wer Bayeux nach der Besichtigung des Teppichs und der Kathedrale den Rücken kehrt, erfährt nichts über die Schönheit und Atmosphäre des alten ** Stadtkerns mit seinen Patrizierhäusern aus der Zeit vom 14. bis zum 18. Jh. Im ältesten Bürgerhaus, einem großartigen dreigeschossigen Fachwerkbau mit steilem Satteldach, ist das *Office de Tourisme* (s. u.) einquartiert. Neben diesem historischen Schmuckstück stehen weitere Baudenkmäler in sehenswerten Altstadtstraßen, wie z. B. in der Rue de la Jurisdiction die aus dem 15. Jh. stammende *Maison du Bienvenue* (Ecke Rue de Bienvenue). Aber auch durch die *Rue de Quincangrogne, Rue des Ursulines* oder *Rue du Général-de-Dais* sollte man nicht unbedingt mit gesenktem Kopf gehen.

ℹ Office de Tourisme, 1, rue des Cuisiniers, F-14403 Bayeux, ☎ 31 92 16 26, FAX 31 92 01 79.
Zug: Paris–Caen–Cherbourg.
Bus: Verbindungen zu den Badeorten entlang der Côte de Nacre bzw. Caen.

Ⓗ Hotels

Lion d'Or, 71, rue St-Jean, ☎ 31 92 06 90, FAX 31 22 15 64, Luxushotel in einem historischen Gebäude im Zentrum. $$$
Luxembourg, 25, rue Bouchers, ☎ 31 92 00 04, FAX 31 92 54 26, komfortabel, zentral gelegen. $$$
Argouges, 21, rue St-Patrice, ☎ 31 92 88 86, FAX 31 92 69 16, gehobene Mittelklasse, etwas außerhalb der Altstadt. $$
Churchill, 14–16, rue St-Jean, ☎ 31 21 31 80, FAX 31 21 41 66, günstige Preise für Halbpension. $$

Ⓡ Restaurants

Lion d'Or (s. o.), beste Küche am Platz, günstige Gelegenheit, um die Spezialität Blutwurst (Andouille) zu probieren, die nicht jedermanns Geschmack ist. $$
L'Amaryllis, 32, rue St-Patrice, ☎ 31 22 47 94, gute und preiswerte Gerichte. $

Château Fontaine-Henry (⏲ unter ☎ 31 80 00 42). Dieses Schloß gehört zur Landschaft der Normandie wie der blühende Apfelbaum. Der Prachtbau steht auf Ruinenresten aus dem Mittelalter und erlebte nach schweren Zerstörungen im Hundertjährigen Krieg seine „Wiederauferstehung“, als sich die Familie Harcourt im 15. und 16. Jh. um die Anlage zu kümmern begann. Natürlich prägte der damals moderne Baustil, die italienische Renaissance, das neue Gesicht von Fontaine-Henry. Unverkennbar die Silhouette des Schlosses: steile Sattel- und Kegeldächer.

Nadelstiche machen Geschichte

Klöster und Herrenhäuser, Schlösser und Burgen, Kreideklippen und Calvadosbrennereien: Die Normandie bietet viele Sehenswürdigkeiten, aber nur einen einzigen *** „Teppich von Bayeux". Mit Auslegeware hat der absolut nichts zu tun. Vielmehr handelt es sich sowohl um ein einzigartiges Kunstwerk als auch um ein großartiges Zeitdokument. Das Thema dieser Bildergeschichte ist der epochale Feldzug: 1066 schiffte sich Wilhelm der Eroberer nach England ein, erstritt sich in der Schlacht gegen König Harold die englische Krone sowie dessen Inselreich und vereinigte es zusammen mit der Normandie in seiner Hand.

Ortstermin: *Centre Guillaume-Le-Conquérant* im Calvados-Städtchen Bayeux. Wer glaubt, er könne die dort ausgestellte „Tapisserie de la Reine Mathilde" – so die französische Bezeichnung für den Teppich – im Sturm erobern, sieht sich getäuscht. Erst ist Geschichtsunterricht in Form einer Ton-und-Bild-Schau angesagt, ehe man in die heiligen Hallen des Harold-Saales vordringen darf. Ein Sack voller Kronjuwelen könnte nicht besser gegen die Besuchermassen gesichert sein, die Tag für Tag an dieser geschichtlichen Reliquie vorbeipilgern. Schußsicheres Glas hält allzu Neugierige auf Distanz; abgedunkelte Leuchten hüllen den Teppich nicht nur in mystisches Licht, sondern bewahren die Farben auch vor dem Verbleichen.

Aber was heißt hier schon Teppich! Star der Ausstellung ist ein rund 70 m langer und etwa einen halben Meter breiter Leinenstreifen, auf den mit bunter Wolle und Millionen von Nadelstichen Bilderfolgen über die historischen Ereignisse gestickt wurden. Pietätlosen Gemütern kommt der Satz vom „längsten und ältesten Comic der Welt" über die Lippen, eine nicht ganz unzutreffende Bezeichnung, wenn man die Szenen näher in Augenschein nimmt. Da gibt es behelmte Reiter, die Schilde und Schwerter tragen, während andere, von fürchterlichen Hieben niedergestreckt, auf dem Boden liegen. Doch nicht mit dem eigentlichen Kampf allein beschäftigt sich der Dokumentarstreifen. Er schildert auch, wie Harold bei einem vorausgehenden Besuch in der Normandie seinen Verzicht auf die englische Krone beschwört oder wie er, in Szene 17, zwei normannische Soldaten aus der Bucht von St-Michel rettet. Zudem ist das Kunstwerk mit bebilderten Bordüren versehen, aus denen die Experten viele Informationen zur Rekonstruktion der tatsächlichen Vorgänge entnommen haben. Die Detailgenauigkeit der Darstellung ist verblüffend. Es gibt 58 lateinisch beschriftete Szenen. Dargestellt sind insgesamt 623 Figuren, 759 Tiere sowie 37 Bauten und Schiffe, die an der Eroberung Englands beteiligt waren. Wahrscheinlich wurde der „Teppich" erstmals am 14. Juli 1077 bei der Einweihung der Kathedrale von Bayeux ausgestellt. Wer ihn anfertigte, ist ungewiß, doch deutet einiges darauf hin, daß er von Odon de Conteville, dem damaligen Bischof von Bayeux, in Auftrag gegeben und in England hergestellt wurde. In seiner über 900jährigen Geschichte wurde er nur zweimal aus Bayeux weggebracht: erstmals von Napoleon 1803, der ihn im Louvre in Paris ausstellen ließ, um auf diese Weise für einen Angriff auf den Feind jenseits des Kanals zu werben; zum zweiten Mal während des Zweiten Weltkriegs, als die Tapisserie an unterschiedlichen Orten versteckt wurde, um sie vor Schäden zu bewahren. Diese historische Treue der Bevölkerung zu „ihrem Teppich" hat in den Jahrzehnten eine bis dahin unbekannte Dimension angenommen. Das Leinenstück entpuppte sich als touristisches Zugpferd.

Route 8

Normandie pur

Küstenroute um die Halbinsel Cotentin (354 km)

Es scheint, als hätten die Menschen dieser Gegend in der Vergangenheit ein gerüttelt Maß an besonders schlechten Erfahrungen gesammelt. Ihre alten Gehöfte und Häuser gleichen jedenfalls eilig errichteten Miniaturfestungen aus groben Felssteinen. Offenbar mußten sie sich in diesem entlegenen Landstrich in der Vergangenheit nicht nur gegen stürmische Winde wappnen. Nicht selten reichen die holprigen Äcker der Bauern bis auf einen Steinwurf an die Meeresbrandung heran, wo das Kraut von der Gischt schon gesalzen wird, noch bevor es geerntet ist. Kein Punkt auf der ganzen Halbinsel Cotentin liegt weiter als 50 Kilometer von der Küste entfernt.

Wer sich auf diese mehrere hundert Kilometer lange Tour begibt, sollte mindestens drei Tage veranschlagen und als Zwischenstopps Cherbourg und Granville anpeilen, beides Orte, die über eine ausreichende touristische Infrastruktur verfügen.

8

St-Lô (26 500 Einw.), die Hauptstadt des Département Manche, liegt auf einer Erhebung über dem Tal der Vire und bietet sich als Ausgangs- und Endpunkt dieser Tour an. Daß der Ort trotz seiner administrativen Bedeutung heute zu den weniger bekannten Touristenzielen gehört, ist den schweren Zerstörungen zuzuschreiben, die während des Zweiten Weltkriegs rund 90 Prozent der Bauten von St-Lô in Schutt und Asche legten.

Carentan (7500 Einw.) wird allgemein als „Tor zum Cotentin" bezeichnet. Der Ort besitzt im touristischen Sinn nicht die großen Sehenswürdigkeiten, hat sich aber als Umschlagplatz für Produkte der Vieh- und Milchwirtschaft einen Namen gemacht. Allwöchentlich bringen am Montag die Bauern des Umlands ihre Kühe zum traditionellen Viehmarkt.

Der kürzeste Weg an die Küste führt zwar über **Ste-Marie-du-Mont,** doch lohnt sich ein kleiner Abstecher über **Ste-Mère-Eglise,** das als erste französische Ortschaft von den deutschen Besatzern befreit wurde. Beim Angriff der Alliierten in der Nacht des 6. Juli 1944 spielte sich eine, aus heutiger Sicht gesehen, filmreife Szene ab. Der Fallschirm des Amerikaners John Steele verhedderte sich nämlich kurz vor der Landung an der Kirchturmspitze. Im allgemeinen Durcheinander konnte der Unglückliche erst Stunden später aus seiner mißlichen Lage befreit werden. Heute erinnert an diese Episode eine Fallschirmjägerpuppe am Kirchturm – für Fotografen ein willkommenes Motiv. Im *Musée Airborne* (🕓 im Sommer von 9–18 Uhr, 15. Nov. bis 15. Dez. 10–12 und 14–18 Uhr, 15. Dez. bis 15. Jan. geschlossen) gibt es Fotos, originale Ausrüstungsgegenstände und einen Lastensegler des damaligen Befreiungsunternehmens zu sehen.

Utah Beach. Der breite, flache Sandstreifen mit den niedrigen, von Strandhafer bewachsenen Dünen ähnelt einem Gemälde von Boudin, wenn sich weiße Wolkenberge auftürmen oder Gewitterwolken über dem unendlich weiten Horizont zusammenbrauen. Im Sommer verwandelt sich diese Küste in eine Rennbahn für Strandsegler, die sich von der steifen Brise mit Karacho durch die Wasserpfützen treiben lassen. Selbst als Zuschauer macht es Spaß, den bunten Flitzern bei ihren Manövern eine Weile zuzuschauen.

Utah Beach ist ein Stück Strand mit grauenhafter Vergangenheit. Monumente und Gedenktafeln, Haubitzen und Fahrzeuge entlang der Strandstraße erinnern an den „längsten Tag", als dieser Küstenabschnitt bei der Invasion im Sommer 1944 zum hartumkämpften Landeplatz für Mensch und Material wurde.

Bunkeranlage bei Pointe du Hoc.

Als friedliche Idylle präsentiert sich demgegenüber das alte Hafenbecken von **St-Vaast-la-Hougue** (2100 Einw.). Hier darf der Ferienmensch entspannen und unbehelligt von den langen Schatten der Geschichte beim Blick auf farbenfroh gestrichene Boote und rostige Fischkutter seinen Calvados genießen.

Der Ort hat unter Feinschmeckern einen herausragenden Ruf. Schließlich werden hier die besten normannischen Austern geerntet.

Am alten Hafen des Miniortes Barfleur.

Barfleur (599 Einw.). Der Miniort mit seinen wuchtigen Steinhäusern am geschützten **Hafen sieht vor allem bei schönem Wetter wie die Kulisse zu einem Seefahrerfilm aus. Aber die aufgestapelten Reusen, die zum Trocknen ausgelegten Leinen und Netze entlang der Kais sind Indiz für einen lebendigen Alltag. An der Ausfahrt steht seit dem 17. Jh. eine kleine wehrhafte Kirche, die so manchem Wintersturm getrotzt hat.

Nördlich von Barfleur führen Stichstraßen an einigen Stellen ans Meer, die an ihrem Ende immer eine kleine Überraschung parat haben: An der zerklüfteten Küste der **Pointe de Saire** kann man in einem provisorisch wirkenden Café während der Sommermonate eine Erfrischung zu sich nehmen und dabei den Möwen zuschauen. Bei *Gatteville-le-Phare* reicht die Landspitze **Pointe de Barfleur** weit in den Ärmelkanal hinein. Die Plattform des 71 m hohen Leuchtturms bietet sich dort als Ausguck auf die küstennahe Landschaft an. In **Tocqueville** steht im Ortszentrum die Büste des Staatsmannes und Historikers Alexis de Tocqueville, dessen Familiensitz sich am Dorfrand hinter hohen Bäumen verbirgt.

Historische Verteidigungsanlagen von Cherbourg.

Vor der Stadtgrenze von Cherbourg war das Schloß von **Tourlaville** Schauplatz einer tragischen Geschichte, die die 13jährige Marguerite de Ravelet mit dem Leben bezahlen mußte. Nachdem ihre Elten sie mit einem 45jährigen brutalen Mann verheiratet hatten, floh sie und suchte bei ihrem in Paris studierenden Bruder Schutz. Der Ehemann rächte sich, indem er die Geschwister des Inzestes beschuldigte, worauf beide am 2. Dez. 1603 enthauptet wurden.

Cherbourg (92 000 Einw.), an der Nordspitze des Cotentin, ist für die meisten nur notgedrungen ein Ziel auf dem Weg von oder nach England per Fähre vom *Gare Maritime* aus. Wer sich Zeit für einen kleinen Stadtausflug nimmt, entdeckt im Zentrum etwa den *Parc Emmanuel-Liais,* in dem im Frühjahr Azaleen und Rhododendren ihre Blütenpracht zeigen und andere Spezies wie Kamelien sowie Büsche und Bäume aus subtropischen Gebieten stehen.

Eine andere, auffällige Erscheinung kennzeichnet das Straßenbild des Cotentin-Hafens. Man könnte Matrosenanzüge und Marineuniformen für den letzten modischen Schrei halten, wüßte man nicht, daß Cherbourg zu den wichtigsten Militärhäfen Frankreichs zählt und Heimathafen der französischen U-Boot-Flotte ist. Ausländern ist der Zutritt zu der Marinebasis Arsenal nicht gestattet, von der aus das erste atomgetriebene Unterseeboot unter der Trikolore vom Stapel lief.

Neben Kriegsschiffen und Kanalfähren besitzen seit einigen Jahren auch Jachten und Sportboote mit dem *Port Chantereyne* eine stark frequentierte Anlegestelle, die von vielen Freizeitkapitänen angelaufen wird. Nicht weit entfernt, auf der *Place Napoléon,* sitzt Kaiser Napoléon I auf seinem Bronzepferd und deutet mit ausgestreckter Hand vielsagend über den Ärmelkanal – nach England hinüber, dem Land, das ihm in besagten Napoleonischen Kriegen am ausdauerndsten trotzte.

Die Basilika *Ste-Trinité* an der Rue de l'Eglise steht an jener Stelle, an der sich schon im 11. Jh. eine Vorgängerkirche erhob. Der Bau ist vor allem in seiner Ornamentik stark vom Flamboyant geprägt, doch ist die Gotik nicht der durchgängige Baustil. So stammen z. B. ein Altar aus der Barockzeit, der Turm datiert aus dem Jahr 1825. Viele Besucher kommen in diese Kirche, um die rund 400 Jahre alten geschnitzten und farbig bemalten Dekorationen an der oberen Galerie des Schiffs mit Szenen aus dem Leben Jesu sowie aus dem Totentanz zu bewundern.

Hintergrundkulisse bildet die neobarocke Fassade des 1882 erbauten *Théâtre,* auf dessen Rückseite sich im Gebäude des Kulturzentrums das *Musée Thomas-Henry* (🕓 tgl. außer Mo 9–12 und 14–18 Uhr, ☎ 33 23 02 23) befindet. Mit den Werken von Malern wie etwa dem Italiener Fra Angelico (etwa 1387–1455) sowie den Franzosen Jean-François Millet (1814–1875) und Hubert Robert (1733–1808) beweist dieses weit von den Kulturhochburgen entfernte Lokalmuseum Qualität.

Ein fabelhafter Blick über das Häusermeer bietet sich vom etwa 100 m hohen Hügel des *Fort du Roule.* Von diesem einst strategisch wichtigen Punkt gleitet der Blick über eine riesige dreidimensionale Landkarte mit breiten Straßenzügen und Häuserblocks, Ha-

Bauernmarkt

Ein Platz zum Verweilen ist die Place de Gaulle. Dienstags und donnerstags bieten die Cotentin-Bauern und -Fischer unter bunten Markisen ihre Ware an. Die Marktstände biegen sich unter Gemüse- und Obstbergen, kunstvoll drapierten Pastetchen, geräuchertem Schinken und appetitlichen Miniaturtörtchen, die einem das Wasser im Mund zusammenlaufen lassen.

fen- und Industrieanlagen vor dem glitzernden Horizont des Ärmelkanals. In der Wehranlage ist das *Musée de la Guerre et de la Libération* eingerichtet.

Office de Tourisme, F-50100 Cherbourg, 2, quai Alexandre III, ☏ 33 93 52 02.

Cherbourg ist Endpunkt der Bahnlinie von Paris (Gare St-Lazare) über Lisieux, Caen, Bayeux und Carentan in den nördlichen Cotentin. Eine weitere Linie verbindet es (via Caen und Lisieux) mit Rouen.
Von Cherbourg über Barfleur, St-Vaast-la-Hougue und Carentan nach St-Lô.

Stadtführungen: Im Juli/August jeweils Mi und Sa ab Office de Tourisme.

Hotels

Liberté, Rue G.-Sorel, ☏ 33 20 18 00, Fax 33 20 01 32, Unterkunft mit Atmosphäre und Komfort außerhalb des Zentrums. $$

Hôtel Mercure, Gare Maritime, ☏ 33 40 01 11, Fax 33 44 51 00, gegenüber der Anlegestelle der Englandfähren. $$

Chantereyne, Port de Plaisance, ☏ 33 93 02 20, Fax 33 93 45 29, Schwimmbad und Jachthafen liegen in der Nachbarschaft. $

Hôtel Le Vauban, 22, quai Caligny, ☏ 33 44 28 45, Fax 33 44 65 49, mitten im Stadtzentrum. $

Restaurants

Le Grandgousier, 21, rue Abbaye, ☏ 33 53 19 43, oder **L'Ancre Dorée,** 27, rue Abbaye, ☏ 33 93 98 38, Fax 33 93 22 36. Schmackhafte Regionalküche. $

Im Westen von Cherbourg strebt die Route dem entlegensten Zipfel der Normandie zu. Fernsehantennen auf dem Dach und geparkte Autos vor den Häusern der winzigen Weiler inmitten der kargen Hügellandschaft sind häufig die

Cherbourg: Basilika St-Trinité.

Hoch zu Roß sitzt der Kaiser auf der Place Napoléon in Cherbourg.

Am wind- und wettergeprüften Cap de la Hague.

8

spärlichen Hinweise auf das 20. Jh. Frischer Wind jagt Wolkenfetzen über die weite Bucht zwischen **Urville-Nacqueville** und **Landemer.** Wanderer können auf einem Trampelpfad dem Weg in Richtung Cap de la Hague folgen. Kaum irgendwo in der Region macht sich die Entfernung vom städtischen Frankreich so reizvoll bemerkbar wie in dieser Gegend. Der Leuchtturm am Kap markiert das wind- und wettergeprüfte Ende des Kontinents. Parzellierte kurzgeschorene Weiden und Häuser aus Feldsteinen, die sich in Erdsenken ducken, lassen in diesem abgelegenen Winkel Vergleiche mit Irland zu.

Lieblicher zeigt sich die Westküste des Cotentin, die unmittelbar am Kap beginnt. Verlassen, als hätte sie nie ein Mensch betreten, schlägt die **Baie Ecalgrain** unterhalb der grünen Wiesen einen Bogen aus grauem Sand und schwarzem Granit. Als Felskanzel ragt der 127 m hohe **Nez de Jobourg,** Europas höchste Klippe, über die Steilküste hinaus. Über **Herqueville** zieht sich die kurvige Küstenstraße nach Süden, die den Blick auf die malerische Bucht Anse de Vauville freigibt. Und das Örtchen **Biville** hat immerhin zwei Überraschungen parat: Einmal ist da die im 12. Jh. erbaute *Wallfahrtskirche,* in welcher der 1859 seliggesprochene Pfarrer Thomas Hélye verehrt wird; zum anderen die unterhalb der Kirche gelegene wellige Dünenlandschaft.

Je weiter man der Westküste entlang in Richtung Bucht von St-Michel fährt, desto deutlicher machen sich die extremen Unterschiede zwischen Ebbe und Flut bemerkbar, die maximal 14 m betragen – fast ein Weltrekord, denn größere Unterschiede gibt es nur in der kanadischen Bay of Fundy. Beobachten läßt sich dieses Phänomen im Hafen von **Diélette.**

Bei Niedrigwasser kann seine eigentliche Funktion nur erahnt werden. Im Hafen stehen noch Meerwasserpfützen zwischen den gestrandeten Fischerbooten.

Zu den stärker frequentierten Badeküsten der Gegend gehört die Ecke um **Barneville-Carteret** mit dem vorspringenden **Cap de Carteret.** Dieser Küstenpfad ist Teil des Fernwanderweges GR223. Der Zöllnerpfad *Sentier des Douaniers* folgt hier in einem Bogen der Küste des Cotentin.

Lessay liegt landeinwärts im Mündungsgebiet des Flüßchens Ay. Viele Besucher lockt die Besichtigung der frühromanischen *Klosterkirche* der ehemaligen Benediktinerabtei (🕓 tgl. 8–19 Uhr, Führungen im Sommer 11 und 15 Uhr). Es gleicht einem Wunder, daß das Bauwerk nach schweren Zerstörungen im Zweiten Weltkrieg aus dem originalen Material neu entstand und 1958 eingeweiht werden konnte. Jeweils am zweiten Wochenende im September erwacht der Ort aus seiner ländlichen Beschaulichkeit. Seit dem 13. Jh. findet der Heilig-Kreuz-Markt statt, der Ziel vieler Händler und Schausteller sowie Menschenmassen ist. Während Kinder auf dem Jahrmarkt amüsieren, besuchen die Erwachsenen Pferde- und Hundeausstellungen.

Château de Pirou. Abseits der Hauptstraße wacht dieses Schloß über die Gegend. Vor mehr als 800 Jahren wurde die heute älteste Burg der Normandie zum Schutz von Coutances angelegt. Nicht von ungefähr laufen hier Gänse herum. Sie erinnern an die Belagerung durch die Wikinger. Als sie laut Legende schließlich die Festung einnahmen, mußten der Feind voller Erstaunen feststellen, daß hinter den schützenden Mauern nur ein Greis lebte. Von ihm erfuhren die Nordmänner, daß sich die übrigen Bewohner in Gänse verwandelt hätten und davongeflogen seien. Tatsächlich konnten sich die Wikinger erinnern, am Abend zuvor einen Schwarm Gänse am Himmel über dem Schloß gesehen zu haben. Die Gänse kehren nun jedes Jahr an die Cotentinküste zurück, um nach dem Buch zu suchen, in dem sie die Anleitung für ihre Rückverwandlung finden. Angeblich verbrannte besagtes Buch beim

Sturm der Wikinger auf die Stadt.

Coutances (13 000 Einw.). Das Provinzstädtchen läßt seine ehemalige Bedeutung als religiöses und geistiges Zentrum nur noch erahnen. Die Häuser gruppieren sich um die unter Kunstkennern berühmte ***Cathédrale Notre-Dame*, eines der schönsten und reinsten Beispiele normannischer Hochgotik. Der erste Kirchenbau wurde errichtet, noch bevor sich Wilhelm der Eroberer 1066 bei Hastings die englische Krone erstritt. Nach einem Großbrand im Jahr 1218 entstand auf den Ruinen der alten Kirche ein Neubau, der die Relikte des Vorgängerbaus formvollendet integrierte. Der Bau strahlt seine überwältigende Wirkung nicht etwa durch eine reiche Ornamentierung aus, sondern durch seine Dimensionen und präzise Geometrie.

Granville (12 500 Einw.). Schon von weitem ist der auf einem Felsrücken gelegene Badeort auszumachen. Immerhin hat ihm das Kasino den Beinamen „Monaco des Nordens" eingetragen. Der Ort, aus dem – am Rande bemerkt – der Modeschöpfer Christian Dior stammte, hat sich bis heute das Flair eines betriebsamen Fischereihafens bewahrt. Im Hafen sorgen rostige Ankerketten und Fischreusen, blankpolierte Jachten und Fischkutter für die typische Atmosphäre. Seit dem 19. Jh. verwandelt sich Granville im Sommer in einen Bade- und Kurort.

Aus historischer Sicht ist Granville eine Ausnahmeerscheinung: Gründer waren zu Beginn des 15. Jhs. nämlich Engländer, die von dort den Mont-St-Michel erobern wollten. Das Unternehmen scheiterte. Die Erbauer wurden von den Franzosen 1442 endgültig aus der Gegend vertrieben. Aus der damaligen Zeit stammt die ummauerte **Oberstadt, die wie eine Festung auf dem

Normannische Hochgotik pur: Die Kathedrale von Coutances.

8

Felsen liegt und sich über die Jahrhunderte hinweg häufig Angreifern zur Wehr setzen mußte. Stilecht ist der mittelalterliche Zugang vom Hafen her über eine Zugbrücke an der Grand'Porte. Von der Anhöhe gleitet der Blick landeinwärts über die Stadtmauer und die Dächer hinweg, während er aus den Fenstern der bis zu fünfhundert Jahre alten Granithäuser an klaren Tagen bis zu den Iles Chausey am Horizont reicht.

Ein Spaziergang in luftiger Höhe führt an der Stadtmauer entlang zum westlichen Endpunkt der Oberstadt. Hier oben an der *Pointe du Roc* markiert ein Leuchtturm die nördliche Grenze der Bucht von St-Michel.

ℹ Maison de Tourisme,
F-50400 Granville, 4, cours Jonville,
☎ 33 50 02 67.
Endhaltestelle der Züge von Paris über Dreux und Argentan.
Busse der S.T.N.-Linie fahren über Avranches zum Mont-St-Michel sowie nach Coutances.
Ⓗ **Hôtel des Bains,** 19, rue Clémenceau, ☎ 33 50 17 31, Fax 33 50 89 22, in der Unterstadt neben dem Kasino gelegen. $$
Ⓡ **La Gentilhommière,** 152, rue Couraye, ☎ 33 50 17 99, zu den Spezialitäten des Hauses zählt ein delikates Hummerragout. $$

Brotzeit auf normannisch

Südlich des Ortskerns von Lingreville an der Kreuzung der Straßen B20 und B298 steht die *Boulangerie authentique*, eine Bäckerei, der ein sehr einfaches Dorfcafé angeschlossen ist. Der Bäckermeister ist für sein typisch normannisches Bauernbrot aus Mischmehl mit schöner Kruste bekannt, das am Vormittag nicht nur im ganzen Haus einen unwiderstehlichen, einen ofenfrischen Geruch verbreitet.

Route 9

Wo Menschen Steine wachsen ließen

Von Granville zum Weltwunder * Mont-St-Michel (60 km)**

Einem Geisterschiff ähnlich, das unter geblähtem Dreieckssegel durch den Nebel treibt, lösen sich die pyramidenförmigen Konturen des Mont-St-Michel aus dem Dunst, der nur allzu oft Himmel und Wasser über der Bucht ineinander verschwimmen läßt. An den Uferzonen zupfen Schafe salzige Halme von den Wiesen, die bei Flut wie winzige Inseln im flachen Wasser treiben. Der Klosterfelsen Mont-St-Michel ist zum bekanntesten Reiseziel der Normandie geworden, dem das Prädikat „Weltwunder" nicht grundlos anhängt. Aber nicht die Geschichtsträchtigkeit des Klosters allein macht seinen Reiz aus. Gleichermaßen attraktiv ist seine Lage im Wattenmeer in der weiten Baie du Mont-St-Michel, die von weiteren sehenswerten Plätzen gesäumt ist.

Südlich von Granville führt die Küstenstraße durch die Ortschaft *St-Pair-sur Mer*, die nach dem heiligen Paterne (oder Saint-Pair) benannt ist, der dort im Jahr 540 ein Kloster gründete und sich die Christianisierung des Küstenstrichs zur Aufgabe machte. Die Kirche besitzt einen frühromanischen Turm; im Chor aus dem 14. Jh. liegt das Grab des Heiligen. Am Windsurferparadies *Kairon-Plage* vorbei, erreicht man den Badeort *Julouville*.

Ab etwa *Carolles* werden die Felsen schroffer, wird der Blick auf den entfernten Mont-St-Michel immer besser. Bei entsprechendem Wetter ist der Halt am Felsvorsprung *Pointe de Champeaux* empfehlenswert.

Rapsfelder im Marais Vernier.

Avranches (10 500 Einw.) ist die größte Stadt an der *Baie du Mont-St-Michel.* Ihre Geschichte ist eng mit der des berühmten Klosterfelsens verknüpft. Schließlich war es ihr Bischof Aubert, der im 8. Jh. das Kloster gründete. Schon in den vorausgegangenen Jahrhunderten, vor allem zur Zeit der Römer, war Avranches ein aufstrebendes Verwaltungszentrum, das später von zunächst angelsächsischen, dann fränkischen Eroberern und schließlich auch von den Wikingern eingenommen wurde. Ab dem 10. Jh. entstanden in der Stadt Befestigungsanlagen, von denen nur noch die *Tour Baudange* und *Tour de l'Arsenal* hinter dem Rathaus unterhalb des Bergfrieds existieren.

Exponate zur Lokalgeschichte im Musée Municipal in Avranches.

Dieser zentrale Platz bietet sich als Ausgangspunkt für eine Stadttour an, zumal sich dort das Fremdenverkehrsbüro befindet, in dem man sich einen Stadtplan besorgen kann. An der Nordseite des Platzes führt ein ausgeschilderter Treppenweg zum ehemaligen Amtssitz des Bischofs, dem *Palais épiscopal.* Mehrfach restauriert, entstand der Bau des heutigen Justizpalastes im 15. Jh. Schaustück des Gebäudes ist eine Wandelhalle mit Kreuzrippengewölbe. In der Nachbarschaft hat das *Tribunal de l'Officialité* (Geistliches Gericht) seinen Platz, dessen Räume vom ** *Musée Municipal d'Avranches* bezogen wurden. Einzigartig ist die dort ausgestellte Sammlung illuminierter Handschriften.

Der Schädel des Bischofs Aubert in St-Gervais von Avranches.

Vom Museum aus wird der Weg am ehemaligen Palast des Dekans, *Doyenné* (26, rue de l'Auditoire), vorbei zu einer Grünanlage fortgesetzt, die als „Plattform“ bezeichnet wird. Im 12. Jh. stand auf diesem Platz die Kathedrale

St-André, der an gleicher Stelle schon drei Vorgängerbauten vorausgingen, von denen der älteste bereits im 5. Jh. errichtet wurde. Anstelle des spurlos verschwundenen Sakralbaus erinnert die Inschrift der Steinplatte an eine Begebenheit von großer historischer Bedeutung: Am 22. Mai 1172 kniete hier im Büßergewand König Henry II von England nieder, um öffentlich Abbitte für seine Beteiligung am Mord an Thomas Becket, dem Erzbischof von Canterbury, zu leisten.

In *St-Gervais* mit dem 74 m hohen Glockenturm aus grauem Granit wird in der Schatzkammer der Schädel von Bischof Aubert, dem Gründer des Klosters *Mont-St-Michel,* aufbewahrt. Die Vertiefung im Knochen soll einer Legende nach davon herrühren, daß der Erzengel Michael seinem Befehl zur Klostergründung dadurch Nachdruck verlieh, daß er dem Geistlichen den Finger auf den Hinterkopf drückte. Von der Kirche aus geht es über die *Place St-Aubert* in Richtung Rathaus zurück.

ℹ Office de Tourisme, 2, rue du Général-de-Gaulle, ☎ 33 58 00 22, FAX 33 68 13 29.
Zug: Caen–Rennes.
Bus: Mont-St-Michel und Granville.
Ⓡ **Le Menestrel,** 37, bd du Luxembourg, ☎ 33 58 12 20, FAX 33 58 40 11, Restaurant des Hôtel Les Abrincates mit preisgünstigen Menüs. ($)

*** **Mont-St-Michel.** Falls je ein abgebrochenes Stückchen Himmel auf der Erde landete, muß es sich um den Mont-St-Michel handeln. In archaischer Erhabenheit ragt der Klosterfelsen einsamen aus spiegelnder Wattlandschaft der Baie Mont-St-Michel, ein zeitloses Monument menschlicher Hoffnung und Zuversicht. Schon vor Jahrhunderten strömten die Pilger aus allen Teilen Europas herbei, um sich hier Seelentrost zu holen – an jener Stelle, wo sich Erde und Himmel näher zu sein scheinen als sonstwo. Weder Armut noch Gebrechen konnte die Gläubigen an dieser Wallfahrt hindern.

Den Mont-St-Michel kann man zu den üblichen Zeiten (🕓 im Sommer 9.30 bis 18 Uhr, im Winter 9.30–11.45 und 13.45–16.15 Uhr, am 1. Jan., 1. Mai, 1. und 11. Nov. und am 25. Dez. geschlossen) jederzeit auf eigene Faust erkunden. Das Kloster selbst kann nur im Rahmen von Führungen besichtigt werden. Gezeigt werden neben den Abtsgebäuden, der Kapelle *St-Aubert,* der Abtskirche und der Kirche *Notre-Dame-sous-Terre* auch La Merveille und der großartige Kreuzgang.

Am Anfang war der markante Berg nichts anderes als ein grober Felsen von etwa 900 m Länge und 78 m Höhe, der sich aus der flachen Bucht erhob, und auf dem – so will es die Überlieferung – im Jahr 708 der damalige Bischof von Avranches im Auftrag des Erzengels Michael eine kleine Kapelle errichtete. Aber erst lange nach dem Tod Auberts erfolgte auf Betreiben des normannischen Herzogs Richard I im

Pyramide Gottes

Wenn die angestrahlte Glaubensfestung nachts wie das Leuchtfeuer aus einer anderen Welt den Weg durch die Dunkelheit weist, hat der Mont-St-Michel nichts von seiner ehrfurchtgebietenden Würde und Größe verloren. Sobald der neue Tag über der im Osten gelegenen Bischofsstadt Avranches dämmert und sich die ersten Blechlawinen über den Damm in Richtung Kloster bewegen, erlebt die „Pyramide Gottes" eine seltsame Verwandlung in einen touristischen Ameisenhügel. Hunderttausende kommen Jahr für Jahr zum Sightseeing; viel kleiner ist die Schar derjenigen, die göttlichen Trost oder religiöse Erfüllung suchen. Nach einem langen Tag leert die hereinbrechende Nacht die steilen Gassen des Mont-St-Michel, und aus den Parkplätzen wird wieder ein Stück sandige Bucht.

Jahr 966 die formelle Gründung eines Benediktinerklosters. Dreißig Mönche des genannten Ordens errichteten als erstes über dem Oratorium des später heiliggesprochenen Aubert eine vorromanische Kirche mit sieben Jochen, die später überbaut wurde und deshalb den Namen Notre-Dame-sous-Terre (Heilige Muttergottes unter der Erde) bekam. Mit der Errichtung der Abteikirche wurde im 11. Jh. die erste Bauphase auf dem Klosterfelsen abgeschlossen.

Der zweite Bauabschnitt dauerte etwa von 1180 bis zur Wende vom 12. zum 13. Jh. Während dieser Zeit entstand ein Kloster im romanischen Stil sowie ein neues Konventsgebäude mit einer Residenz für den Abt, einem Gerichtssaal, einem Gästehaus sowie einer Krankenstation. Der dritte, gotisch geprägte Bauabschnitt setzte zu Beginn des 13. Jhs. ein, nachdem die Normandie ihre Eigenständigkeit verloren hatte und Teil Frankreichs geworden war. Damals schufen die Baumeister über romanischen Bauteilen ** *La Merveille*, jenen Ost- und Westflügel des Klosters, der nicht zu Unrecht als architektonische Glanzleistung bezeichnet wird. Zwei Etagen dieses Bautrakts wurden mit einem Gäste- sowie einem Rittersaal ausgestattet, während das Refektorium und der phantastische ** *Kreuzgang* das dritte Geschoß einnahmen.

Spätestens nachdem diese dritte Bauphase um 1228 abgeschlossen war, galt der Mont-St-Michel in ganz Frankreich als einer der hei-

9

ligsten Orte, der in den folgenden Jahrhunderten durch den Bau von Verteidigungsanlagen auch als Festung genutzt wurde. Erfolglos versuchten englische Truppen im 15. Jh., das Felsenkloster einzunehmen. Nach baulichen Veränderungen und mit einem laxeren Klosterleben begann der Niedergang des Mont-St-Michel, der sich durch die Französische Revolution beschleunigte, als aus dem Kloster bis 1863 ein Staatsgefängnis wurde. Einen letzten architektonischen Eingriff brachte das ausgehende 19. Jh. mit sich. Damals bekam die Abteikirche ihre nadelfeine Spitze.

Seit Jahrzehnten entwickelte sich der Mont-St-Michel, inzwischen von der UNESCO zum „Weltkulturerbe" erklärt, zu einer international bekannten Touristenattraktion, die alljährlich von rund 1,5 Mio. Menschen besucht wird. In der Hauptsaison sind die Parkplätze vor dem Eingang trotz der mehrfachen Größe eines Fußballfeldes bis auf die letzte Lücke belegt. In der *Grande Rue*, die vom zentralen Eingang *Porte de l'Avancée* in einem Bogen an der Festungsmauer entlang zur Treppe *Grand Degré* führt, herrscht ein heilloses Gedränge, in das sich der Geruch von gezuckerten Crêpes und gebratenen Merguez-Würstchen mischt. Lohnend ist ein Spaziergang außerhalb der Wehrmauer um den Klosterberg, der nur aus der Distanz seine außergewöhnliche Lage im Watt zu erkennen gibt.

ℹ Syndicat d'Initiative, Corps de Garde des Bourgeois, F-50116 Mont-St-Michel, ☎ 33 60 14 30.
Bus Mont-St-Michel und Pontorson, Anschluß nach Avranches.
(H) **Hotels**
St-Pierre et Logis du Chapeau Blanc, ☎ 33 60 14 03, Fax 33 48 59 82, elegantes Hotel auf dem Klosterberg. ($))
Mouton Blanc (s. u.), Mittelklassehotel innerhalb der Mauern. ($)
(R) **Restaurant**
Mouton Blanc, ☎ 33 60 14 08, Fax 33 60 05 62, regionale Spezialitäten. ($))

Route 10

Von Glockengießern und Schweizer Akzenten

Vom Mont-St-Michel durch die Normannische Schweiz nach Caen (150 km)

Die größtenteils leicht gewellte Normandie besitzt, topographisch betrachtet, nur einige wenige herausragende Punkte, und die konzentrieren sich in der Suisse Normande, der Normannischen Schweiz, südlich von Caen. Der Fluß Orne hat sich in dieser bergigen Gegend ein landschaftlich reizvolles Tal geschaffen, das sich inklusive seiner Umgebung für einen Aktivurlaub anbietet – gleichgültig, ob man wandern, bergsteigen, mit dem Kanu fahren will oder mit dem Fahrrad unterwegs ist.

Natürlich klingt der Namen Normannische Schweiz etwas zu vollmundig, wenn man als Vergleich die Schweizer Alpen heranzieht. Doch die landschaftlichen Reize ihrer Höhenzüge, die nicht über 365 m hinausreichen, sind abwechslungsreich und beeindruckend. Auf den Talsohlen folgen die Nebenstraßen sprudelnden Wasserläufen, an denen im Frühjahr Primeln ihre gelbe Duftkissen ausbreiten. Und oben auf den Höhenzügen, etwa der des Crêtes, gleichen die grünen Hochflächen mit ihren steil abfallenden Weiden tatsächlich manchen Gegenden des Alpenvorlandes.

Villedieu-les-Poêles (4300 Einw.), eine typisch normannische Kleinstadt, die zu einem nicht unerheblichen Teil vom florierenden Handwerk, in diesem Fall von der Metallverarbeitung, lebt. Auf einem Spaziergang durch die engen Straßen wird man mit den Erzeugnissen dieses Handwerks in Form von Pfannen und Töpfen aus Kupfer geradezu überschüttet. Viele dieser Schmuck- und Küchengeräte stammen aus dem *Atelier du Cuivre* (54, rue du Général-Huard, ☏ 33 51 31 85, 33 51 04 96, ⌚ wochentags 9–12 und 14–17 Uhr). Aber wesentlich aufregender ist der Besuch bei den Glockengießern, die ihr Handwerk wie eh und je nach traditionellen Techniken ausüben. In der * *Fonderie de Cloches* (Rue du Pont-Chignon, ☏ 33 61 00 56, FAX 33 90 02 99, ⌚ tgl. 8–12 und 14–18 Uhr, So und Mo von Sept. bis Juni nur nach Voranmeldung) kann sich jeder selbst davon überzeugen. In der mittelalterlich wirkenden Werkstatt werden große und kleine Glocken in Handarbeit hergestellt und in die ganze Welt exportiert.

Glockengießer bei der Arbeit in Villedieu les Poêles.

Vire (15 000 Einw.). Das Wahrzeichen der kleinen Stadt ist die *Tour de l'Horloge* im Zentrum. Ihr Unterbau stammt aus dem 13. Jh.; zweihundert Jahre später wurde darüber der Glockenturm errichtet. Der Turm gehört heute zu den spärlichen Relikten der Vergangenheit, die den Zweiten Weltkrieg unbeschadet überstanden. Zu diesen Resten zählt auch die in einer Schleife des Flusses Vire gelegene Ruine eines *Donjon* (erreichbar über die Place du Château). Henri I Beauclerc ließ die Festung 1123 erbauen. Heute bietet der Platz einen schönen Blick über das Flußtal.

Die Ruine des einst mächtigen Donjon von Vire.

Clécy (1200 Einw.) ist die „Hauptstadt der Normannischen Schweiz" mit einem vielfältigen Freizeitangebot. So gehören zum sommerlichen Bild auf der nahe gelegenen Orne bunte Kajaks und Kanus, die häufig den Flußabschnitt von Clécy bis nach *Pont-d'Ouilly* befahren. Neben zahlreichen Wegen für kürzere Wanderungen führen durch die Region auch die Fernwanderwege GR36 (145 km von Ouistreham bis Ecouché) und GR221 (52 km von Pont-d'Ouilly bis Bény-Bocage).

Clécy, die „Hauptstadt der Normannischen Schweiz".

ℹ Office de Tourisme, Place de l'Eglise, F-14570 Clécy, ☏ 31 69 79 95; Office de Tourisme, Place de la Marie, Con-

dé-sur-Noir, ☏ 31 69 27 64; Office de Tourisme, Place St-Sauveur, F-14220 Thury-Harcourt, ☏ 31 79 70 45.
Die am nächsten gelegenen Bahnhöfe sind Caen bzw. Flers.
Busse der Gesellschaft Bus Verts verkehren auf der Strecke Caen–Thury-Harcourt-Clécy-Condé-sur-Noireau-Flers.

Hotels
Le Moulin du Vey, mit den beiden Dependancen „Manoir du Placy" und dem „Relais de Surosne", bei Clécy, ☏ 31 69 71 08, Fax 31 69 14 14, sehr gepflegte Unterkünfte in ruhiger Umgebung. $$
Relais de la Poste, Thury-Harcourt, Route de Caen, ☏ 31 79 72 12, Fax 31 39 53 55, kleines Hotel, das auch Halbpension anbietet. $$
Le Site Normand, Clécy, 1, rue des Châtelets, ☏ 31 69 71 05, Fax 31 69 48 51, kein großer Komfort, aber praktisch und preiswert. $
Gästezimmer: Madame Régnier, Clécy, ☏ 31 69 72 85.
Madame Aubry, ☏ 31 69 74 38.
Madame Racloz, ☏ 31 69 72 72.

Restaurants
Chalet de Cantepie, Clécy, ☏ 31 69 71 10, Fax 31 69 66 72, normannische Küche zu zivilen Preisen. $
Relais de la Poste (s. o.), bester Platz am Ort für ein Tellergericht oder ein mehrgängiges Menü. $

Aktivitäten: Wandern, Reiten, Drachenfliegen in St-Omer, Golf, Segel- und Motorfliegen, Klettern und Bergsteigen, Angeln, Kanu-Kajak.

Ab Clécy ist mit der **Route de la Suisse Normande** eine Tagestour ausgeschildert, die durch die schönsten Landstriche der Region verläuft. Berühmte Bauwerke, uralte Ortszentren oder renommierte Museen sucht man entlang dieser Strecke vergeblich, denn die Sympathieträger dieser Region sind eher ausgeprägte Ländlichkeit und ruhige Naturszenerien, die zum Wandern, zum Radfahren oder zu anderen Aktivitäten einladen. Bei St-Rémy verläßt die Route das enge Tal der Orne und windet sich in Kehren die sonnenbeschienenen Hügelflanken zur **Route des Crêtes** hinauf, die ein Stück des Weges Richtung Thury-Harcourt auf der gewellten Hochebene zurücklegt.

Der einzige Ort, an dem sich manchmal der Autoverkehr verdichtet, ist **St-Omer.** Die Natur hat bei den *Rochers de la Houle* oberhalb der Klippen einen Schanzentisch geschaffen, der für Drachenflieger wie geschaffen ist.

Thury-Harcourt (1800 Einw.). Ähnlich wie Clécy hat sich auch dieser Ort als nördliches Tor zur Normannischen Schweiz seit einigen Jahren zu einem kleinen touristischen Zentrum entwickelt. Man kann dort übernachten, eine Mittagspause einlegen oder sich für eine Wanderung mit dem nötigen Proviant versorgen.

Das Städtchen leitet seinen Namen von der Familie Harcourt ab, die dort zu Beginn des 18. Jhs. ihren Familiensitz errichtete. Das Schloß der Herzöge von Harcourt fiel 1944 einem Feuer zum Opfer und ist heute nur noch ein Ruinenfeld in einer prächtigen Parkanlage.

An sonnigen Hochsommertagen läßt sich ein Parkspaziergang durch eine etwa 5 km lange Wanderung verlängern. Am nördlichen Ortsausgang von Thury-Harcourt wird die Orne durch die Felsen an ihrem Ufer zum *Boucle du Hom* gezwungen, einer Schleife, der der Spaziergänger auf einem Weg folgen kann. Die Hauptstraße biegt beim Ort vom Flußtal ab und erreicht nach 26 km in Caen (s. S. 40) den Endpunkt der Tour.

Eine landschaftlich lohnende Nebenstrecke schlägt im Westteil der Suisse Normande einen großen Bogen um das Orne-Tal und klettert zum *Mont Pincon* hinauf, der mit 365 m höchsten Erhebung im weiten Umkreis. In der Nähe eines vom Flüßchen Druance gespeisten Sees steht das im 16. Jh. begonnene *Château de Pontécoulant* mit dem *Musée Départemental.*

Praktische Hinweise von A–Z

Ärztliche Versorgung

Notdienste der Apotheken (Pharmacies) stehen in der Lokalpresse und werden immer in den Apotheken angezeigt.

Behinderte

Ein Hotel- und Restaurantführer kann unter folgender Adresse angefordert werden: A.P.F. Délégation de Paris, 22, rue du Père-Guérin, F-75013 Paris.

Diplomatische Vertretungen

Bundesrepublik Deutschland
Botschaft: 13–15, av. Franklin-D.-Roosevelt, F-75008 Paris,
☎ (1) 42 99 78 00, FAX (1) 43 59 74 18.
Honorarkonsulate: 7bis, rue Pierre-Brossolette, F-76051 Le Havre,
☎ 35 21 11 22.
Honorarkonsulat: 22, rue Mustel, F-76000 Rouen, ☎ 35 89 81 81.

Österreich
Botschaft: 6, rue Fabert,
F-75007 Paris, ☎ 45 55 95 66.
Konsulat: 12, rue Edmont-Valentin, F-75007 Paris,
☎ 47 05 27 17, 47 05 93 40.

Schweiz
Botschaft: 142, rue de Grenelle, F-75007 Paris, ☎ 25 55 67 00,
FAX 45 51 34 77.
Konsulat: 16, rue Pierre-Brossolette, F-76600 Le Havre, ☎ 35 42 27 09,
FAX 35 21 42 08.

Einreise

Obwohl seit der Öffnung der europäischen Grenzen Bürger aus der europäischen Union (EU) beim Grenzübertritt keiner Kontrolle mehr unterliegen, dürfte es selbstverständlich sein, nicht ohne den Personalausweis zu verreisen.

Schweizer müssen bei Ein- und Ausreise im Besitz eines gültigen Reisepasses sein.

Feiertage

Neujahrstag, Ostermontag, 1. Mai, 8. Mai (Waffenstillstand 1945), Christi Himmelfahrt, Pfingstmontag, 14. Juli (Nationalfeiertag), 15. August, 1. November, 11. November (Waffenstillstand 1918), 25. Dezember.

Geld und Währung

Die Währungseinheit ist der französische Franc (FF) mit 100 Centimes (c). Im Umlauf sind Münzen zu 10, 5, 2, 1 FF und 50, 20, 10 und 5c, Banknoten zu 500, 200, 100, 50 und 20 FF.

Außerhalb der Banköffnungszeiten kann Geld per ec-Karte am Automaten abgehoben werden. Auf Eurocheques bekommt man maximal 1400 Francs, hier wird eine Gebühr berechnet.

Information

Auskünfte und Prospekte über alle Regionen Frankreichs erhält man bei den Französischen Fremdenverkehrsämtern.

Bundesrepublik Deutschland
D-60325 Frankfurt/M.,
Westendstraße 47, ☎ 06 9/75 60 83-0,
FAX 06 9/75 21 87; D-10707 Berlin, Postfach 15 04 65. Außerdem gibt es einen Informationsservice unter
☎ 0 69/75 60 83-0 oder 02 11/8 03 75.

Österreich
Landstraßer Hauptstraße 2a,
A-1033 Wien, ☎ 01/1 57 06 10.

Schweiz
Löwenstr. 59, CH-8023 Zürich,
☎ 01/21 13 85/86.

Frankreich
Comité Régional de Tourisme de Normandie, 14, rue Charles-Corbeau, F-27000 Evreux, ☎ 32 33 79 00,
FAX 32 31 19 04.

Krankenversicherung

Um ärztlich gut versorgt zu werden, ist der Abschluß einer privaten Auslands-Reisekrankenversicherung sinnvoll.

Notruf

Polizei (police): ☏ 17.
Feuerwehr (sapeurs pompiers): ☏ 18.
Pannenhilfe: AIT-FIPA Assistance ☏ 05 10 61 06.

Öffnungszeiten

In Frankreich gibt es kein striktes Ladenschlußgesetz. Öffnungszeiten werden häufig individuell geregelt. So haben in der Regel kleinere Geschäfte und Banken auf dem Land kürzere Geschäftszeiten als in der Stadt.

Banken: 9–12 und 14–16 Uhr, Sa und Mo geschlossen.

Geschäfte: normalerweise von 8–12 und von 14–19 Uhr geöffnet.

Viele der riesigen Hypermarchés haben durchgehend von 9–21 Uhr geöffnet. Nur Montagmorgen sind die meisten bis 12 bzw. 13 Uhr.

Postämter PTT (Administration des Postes Télégraphes et Téléphones) und P et T (Ministère des Postes et Télécommunications) sind Mo bis Fr 9–19 Uhr (auf dem Lande Mo bis Fr 8–12 und 14–18.30 Uhr) sowie Sa bis 12 Uhr geöffnet.

Die meisten staatlichen Museen sind Mo oder Di sowie zwischen 12 und 14 Uhr geschlossen. Die Öffnungszeiten kleiner Museen werden sehr flexibel gehandhabt.
ℹ Syndicat d'Initiative bzw. Office de Tourisme der jeweiligen Orte.

Post/Postgebühren

Briefmarken (timbres) gibt es bei der Post, aber auch in Zigarettenläden (Tabac) und Bars (Bar-Tabac).

Deutschland – Österreich – Schweiz: Postkarte und Brief bis 20 g 2,80 FF.

Souvenirs

Die populärsten Reiseandenken dieser Region sind verzehrbar. Dauert die Heimreise nicht zu lange, kann man sich auf einem Wochenmarkt mit Rohmilchkäse versorgen, eine begehrte Delikatesse ist. Ein haltbareres Geschenk ist eine Flasche Calvados.

Telefon

Münzfernsprecher gibt es nur noch selten, da sich Kartentelefone immer mehr durchsetzen. Die Plastikkarten (50 bzw. 120 Einheiten) gibt es bei der Post oder in den Tabakläden Bar-Tabac zu kaufen. Ein Ortsgespräch kostet 1 FF. Von einem zum anderen Départment wird ohne zusätzliche Vorwahl die achtstellige Teilnehmernummer gewählt. Nur bei Paris wird die Ziffer 1 davorgesetzt.

Vorwahl Deutschland: 19-49
Vorwahl Österreich: 19-43
Vorwahl Schweiz: 19-41

Sommerzeit

Die Sommerzeit (MEZ + 1 Std). gilt von Anfang April bis Ende September.

Zollbestimmungen

Deutschland/Österreich
Seit der Öffnung der Grenzen innerhalb des Gemeinsamen Marktes müssen Reisende aus Ländern der Europäischen Union bei Waren für den persönlichen Bedarf grundsätzlich keine Einfuhrbeschränkungen mehr berücksichtigen. Für den privaten Verbrauch dürfen somit 800 Zigaretten, 200 Zigarren und 10 l Spirituosen pro Person ab 15° bzw. 17 Jahren mitgenommen werden. Einkäufe im Duty-free-Shop, werden noch bis Ende Juni 1999 zu den bisher gültigen Bedingungen möglich sein.

Schweiz
Waren bis zu einem Gesamtwert von 200 sfr, zusätzlich 200 Zigaretten oder 50 Zigarren oder 250 g Tabak, 1 l Spirituosen über oder 2 l unter 15° und 2 l Wein.

Register

Ortsregister

Personenregister

Bildnachweis

Alle Fotos APA Publications/Jeroen Snijders außer Archiv für Kunst und Geschichte Berlin: 13/2–3. allover/Marco Stirni: 19/3. M. Braunger: 1, 7, 9, 11/1–2, 15/1–2, 19/4, 21/3, 27/3, 31/3, 35/2, 39/3, 43/2–3, 49/1–2, 55/2, 57/1, 63/3, 65/1, 65/3–4, 67/4, 69/1, 69/3, 73/1, 77/2, 81/3, 85/2, 87/1, 91/1. H. Friedrichsmeier: 11/3, 17/1, 23/1, 27/2, 29/1, 53/1, 77/3, 83/2, 89/1. M. Kappelhoff: 61. Umschlag: Tony Stone/Suzann & Nick Glary (Bild), Bernd Ducke/Superbild (Flagge).